おいしくなって
保存もきく！

塩糖水漬け
レシピ

上田淳子

世界文化社

塩と砂糖と水を混ぜた液体が塩糖水

パサつきがちな肉や魚がしっとり仕上がる！

加熱でパサつく肉や魚を塩糖水に漬けると、水分を保ってしっとりやわらかく仕上がります。おいしく食べる術が少なかった素材も、煮たり炒めたり、さっぱりとした味つけにしたりとお好みで料理できます。

食材を塩糖水に漬けると

いい感じに中まで味がしみる！

肉や魚の中心まで塩味が入り、いわゆる味がしみた状態になります。ムラなく均一に味がつくので、とにかくおいしい。かむほどに味が濃厚になっていくのも新鮮な体験です。

素材の味が際立ち、調味料がシンプルに！

塩分量が常に一定なので味がしっかり決まります。つまり塩糖水漬けにすると基本の味つけが終わっているということ。あとはスパイスや酸味で風味づけをして変化をつける程度で充分。塩のみのシンプル調理で素材の味が引き出されることに気がつきます。

おいしくなる！いいことある！

塩と砂糖を水に混ぜた液体に食材を漬けるだけ。
それだけでおいしくなるなんてホント⁉
誰もがそう思いますよね。
「どんなふうにおいしくなる？」「どんないいことがある？」、をご紹介します。
手軽にできると噂の塩糖水漬けを
試しに一度やってみませんか？

新鮮さをキープ！

＊肉は4～5日、魚は2～3日

塩を含ませることで保存性が高まり、冷蔵でしばらくおいてもおいしく食べられます。また冷凍と違って冷蔵なら味が劣化する心配がなく、解凍の時間も不要。まとめ買いできること、魚の鮮度を保てることはうれしいポイントです。

おいしい油脂が足せる！

塩糖水漬けは脂肪分の少ないヘルシーな素材をおいしく料理できる技。その分、バターやオリーブ油など味の決め手となるおいしい油脂を少し足して、風味豊かに仕上げることができます。

冷めてもやわらかい！お弁当にも向く！

脂肪分の少ない肉や魚は冷めると急に身が締まって固くなりパサつきがちです。でも塩糖水漬けなら、水分を含んだまましっとりやわらか。冷やして食べたい料理やお弁当のおかずにも喜ばれます。

気になる臭みが取れる！

塩糖水に漬けておくと、表面の汚れや雑菌を落とすことができます。特に魚は購入したその日に調理しないと雑菌が繁殖して臭みが出やすいものですが、塩糖水漬けにすることで臭みが取れて2～3日おいてもおいしく食べられます。

塩糖水の作り方と漬け方

混ぜて漬けるだけ。まとめ買いした食品をそれぞれ漬けておけば、平日はヤリクリできます。調理法が決まっていなくても大丈夫。取りあえず漬けちゃいましょう。

肉や魚200～300gに対して

塩 粗塩

小さじ2/3（約3g）

保存性を高めて味を決める塩。塩糖水に漬けたものをただ焼くだけでも均一に塩味がつき、おいしく食べられます。

糖 砂糖

大さじ1/2（約5g）

たんぱく質を縮みにくくする働きがあり、保水性が高まります。甘みを感じるほどの量ではないので、味に影響はありません。

水

100mℓ

塩と砂糖を溶かすことにより、肉や魚に均一に液を行き渡らせます。ポリ袋に塩糖水を作り、食品全体が浸るようにします。

実際に塩糖水を作って漬けてみましょう

塩糖水を作る

ポリ袋に塩、砂糖、水を入れて巾着状に上部を寄せ、袋をふって溶かす。袋に少し空気が入っているとふりやすい。

↓

塩糖水に漬ける

肉や魚を入れ、全体に液が浸るようにならす。空気を抜いて口を縛り、冷蔵庫で3時間以上おく。バットにのせておくと万が一ポリ袋が破れても安心です。

*肉なら4〜5日、魚なら2〜3日は保存可能です。

使い方によって気をつけること

◎ 水気をしっかり拭く

焼く、炒める、揚げるときは、ペーパータオルで水分をよく拭いてから調理しましょう。油はねもなく、焼き色がきれいにつきます。ゆでる、煮るときは軽く水気をきる程度で充分です。

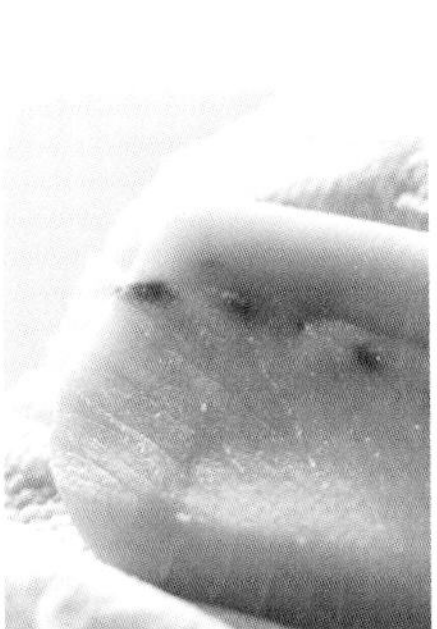

◎ 塩糖水を捨てる

魚なら2日、肉なら3日は漬けたままで大丈夫ですが、それ以上になる場合は塩糖水を捨ててください。肉は塩糖水を捨てた状態で冷凍保存することも可能です。

塩糖水の仕組み

塩糖水に漬けるとしっとりやわらかく仕上がるというけどどうして？ そんな素朴な疑問を女子栄養大学の西村敏英教授にうかがいました。肉を例にしてわかりやすく解説していただきます。

加熱によって肉が固くなるのはたんぱく質の変性のせいです

動物の筋肉は多数の筋線維（筋細胞）からできています。各筋線維の中にある筋原線維たんぱく質が加熱によって変性し、収縮と水分の流出が起こり、肉が固くなります。これには2段階の変化があります。

1 加熱によって筋原線維たんぱく質が収縮・凝固することで肉が縮む。

2 肉が縮むことによって、保持していた水分が分離して流出する。

加熱すると

加熱すると肉の筋原線維が縮んでもともと保持していた水分が流出します。

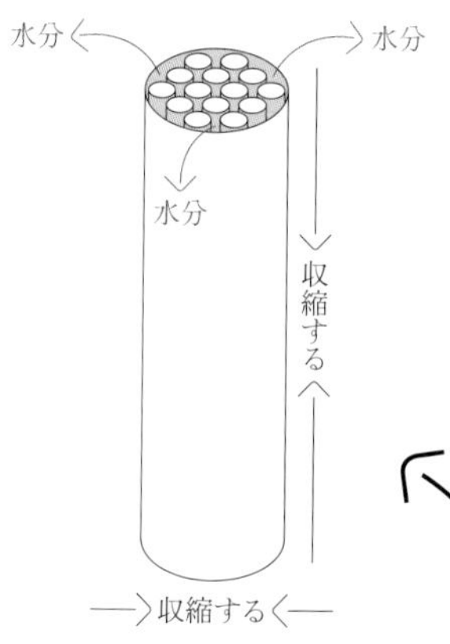

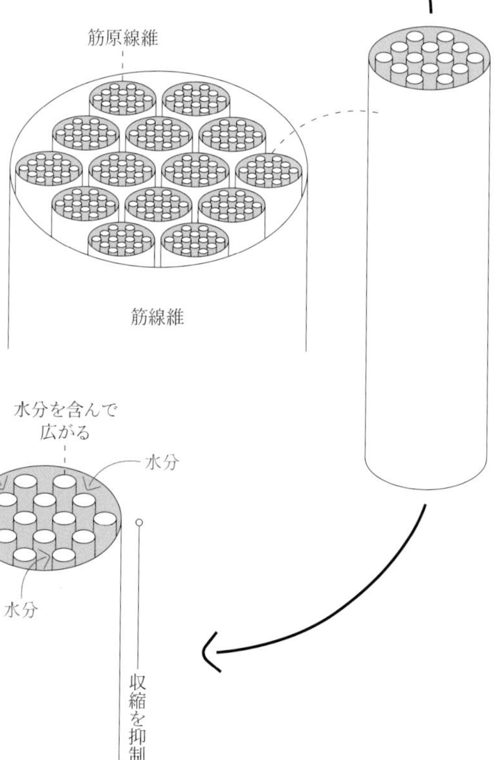

肉を塩糖水に漬けると保水性が高まります

塩糖水に漬けると塩と砂糖が肉の内部に浸透し、塩、砂糖それぞれの働きで肉に変化が起きます。

(塩) 塩が浸透すると筋線維がほぐれて筋線維間のスペースが広がります。ここに水分を蓄えることができます。

(砂糖) 砂糖の分子と肉のたんぱく質の分子が結合し、加熱による縮みや凝固を抑制します。また砂糖は保水性が高いので、肉の中で水分をしっかり保つことができます。

塩糖水漬けにすると

塩で筋原線維間のスペースが広がることによって、水分が入り込み、また砂糖で収縮が抑えられるため加熱しても水分を保持できます。

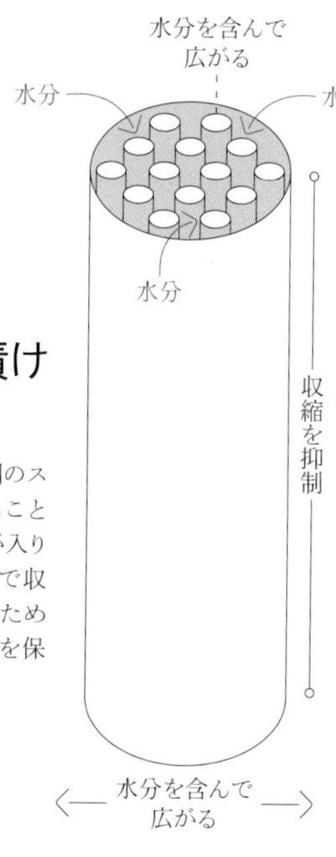

もくじ

3章

バリエーションが広がる

変わり塩糖水 99

もっと知りたい

塩糖水Q&A

塩糖水歴25年の上田先生が疑問を解決。ふだんの食事作りにお役立てください。

なんでもおこたえします～

Q どんな肉や魚にも効果がありますか？

脂肪分が少なく、加熱によって水分が抜けてパサつきやすい肉や魚に向いています。比較的水分が失われにくい牛肉、鶏もも肉や豚肩ロース肉はあまり変わらないので、あえて必要ないでしょう。

Q ポリ袋ではなく、密閉容器やボウルでもできますか？

できます！ 肉や魚が全体に浸ればどんな容器でもかまいません。ただ、ポリ袋を使うと塩糖水の量が少なくて済みます。

Q 絶対失敗しませんか？

絶対とはいえません。加熱しすぎると水分が抜けてしまうこともあります。火がちょうどよく通った状態を目指すと、しっとりやわらかく仕上がります。

Q 照り焼きや筑前煮のような醤油味のものにも使えますか？

塩味がある程度しっかりつくので、こっくりとした醤油味には向きません。この本では塩の代わりに醤油を使った「醤油糖水」（→P.100）をご紹介しています。甘辛い醤油味にはなりませんが、あっさり醤油味のおかずを作ることができます。

Q 塩糖水とは新しい手法ですか？

いいえ。欧米では昔から存在します。たとえばクリスマスに食べるターキーを漬ける「ブライン液」やハム作りでかたまり肉を漬ける「ソミュール液」も同じ考え方です。肉の中まで均一に味をつけ、しっとりやわらかく仕上げるために有効な手法。この考え方を日々のごはん作りに生かしてシンプルにしたものが塩糖水です。

Q かたまり肉でもできますか？

もちろんできます。ただしかたまり肉は下準備をして、塩糖水に長めに漬けます。本書では豚ももかたまり肉で作る、焼きハムとゆでハム（→P.70、71）をご紹介しています。驚くほどしっとりやわらかく仕上がります。

この本のきまり

材料と分量について

◎ 大さじ1は15mℓ、小さじ1は5mℓです。

◎ 塩は粗塩、砂糖は上白糖、酒は日本酒です。

◎ バターは有塩、生クリームは脂肪分40%台を使用しています。

◎ 材料の分量は2人分です。料理によっては作りやすくするために、多めのものもあります。

◎ 付け合わせはそのときに手に入るものをご用意ください。

作り方について

◎ 特にことわり書きがなければ、野菜は通常皮をむいて使用するものはむき、種類によっては芯や種を取り除きます。きのこ類は石づきを切り落とします。

◎ 電子レンジは600Wを使用しています。

◎ オーブンはガスオーブンを使用しています。機種によってクセがあるので、ご家庭でお使いのものに合せて、様子を見ながら温度や時間を調整してください。

栄養成分について

◎ 日本食品標準成分表2015年版(七訂)をもとに記載しています。

1章 しっとり仕上がる低脂肪の肉料理

脂肪分が少なめの肉で作るおかずは
食べやすさを考えると
いつもワンパターンになりがちです。
でも塩糖水に漬ければどんな調理法でも
しっとりやわらか食感で満足度アップ。
ヘルシーな料理をたくさんご紹介します。

塩糖水漬けにするとおいしい肉の部位

加熱するとパサつきやすい肉がこの塩糖水漬けに向きます。低脂肪、高たんぱく質のものが多く、ヘルシーな食事を心がけるかたには特におすすめです。この本で使用した部位をご紹介します。

*表示の値は、すべて生100gあたりに含まれる成分。

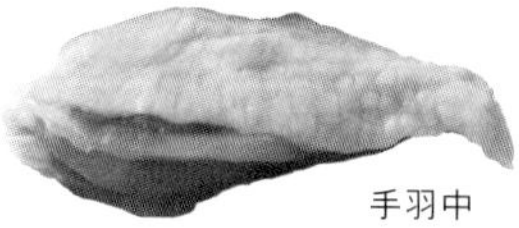

手羽中

手羽元

［手羽中］
たんぱく質 17.8g
エネルギー 210kcal
糖質 0.0g
脂質 14.3g

［手羽元］
たんぱく質 18.2g
エネルギー 197kcal
糖質 0.0g
脂質 12.8g

鶏むね肉

文字通り鶏の胸に当たる部分の肉。疲れに効く成分のイミダゾールジペプチドが多く含まれると話題の部位です。脳の老化防止や快眠やストレス軽減につながるトリプトファンも豊富。低カロリー高たんぱく質の代表的な部位。人気のサラダチキンもこのむね肉です。

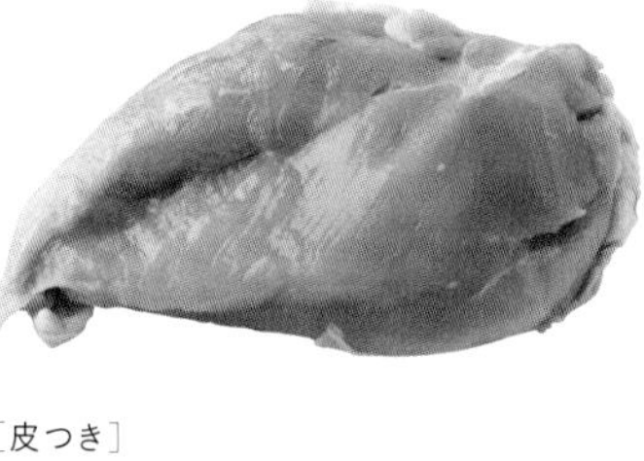

［皮つき］
たんぱく質 21.3g
エネルギー 145kcal
糖質 0.1g
脂質 5.9g

［皮なし］
たんぱく質 23.3g
エネルギー 116kcal
糖質 0.1g
脂質 1.9g

鶏ささ身肉

むね肉の一部で肋骨に沿ってついている脂肪分が少ない部位。牛肉や豚肉の「ヒレ」に当たる部分で、クセがなく穏やかな風味が持ち味です。むね肉同様たんぱく質が豊富なので、アスリートやダイエット中のかたは進んで食事に取り入れましょう。中央にある白い筋は切り取って調理します。

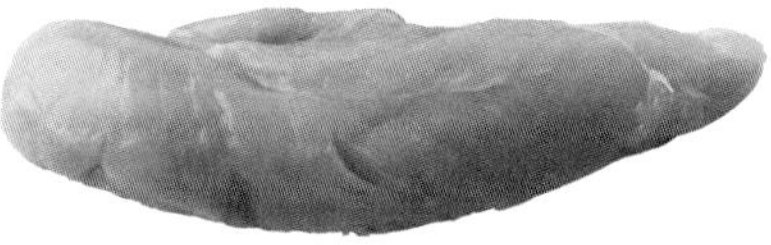

たんぱく質 23.9g
エネルギー 109kcal
糖質 0.1g
脂質 0.8g

鶏手羽

鶏の羽部分で、人間でいうと肘から指先までの部分です。手羽中は「く」の字になった手羽先の尖った一辺を切り落としたもの。チキンリブとも呼ばれます。手羽元はウイングスティックとも呼ばれ、翼の根元の部分。手羽中に比べてあっさりしています。どちらも風味が強く、煮る・焼く・揚げると調理法を選びません。塩糖水に漬けると骨離れがよく、食べやすくなります。

豚もも切り落とし肉

［脂肪つき］
たんぱく質 20.5 g
エネルギー 183kcal
糖質 0.2 g
脂質 10.2 g

［赤身肉］
たんぱく質 22.1 g
エネルギー 128kcal
糖質 0.2 g
脂質 3.6 g

豚もも肉はお尻の周囲の部位で、脂身が少なく赤身が中心です。高たんぱく低脂肪でビタミンB_1も多く、あっさりとした味わい。「切り落とし」は薄切り肉やかたまり肉に形を整えるときに切り落としたもので、部位が限定されています。同じ形状の「こま切れ肉」もありますが、こちらは部位が交ざったもの。本書の材料では豚もも切り落としとしていますが、こま切れ肉でもかまいません。

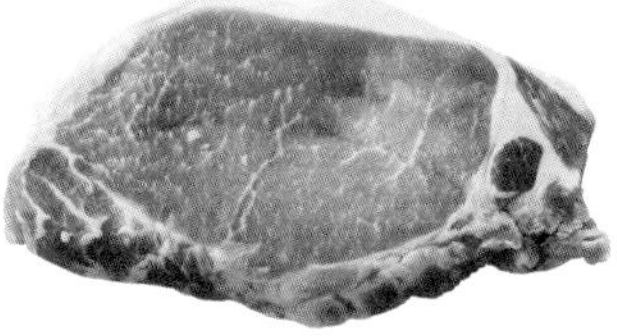

豚ロース肉

背の中央にある肉。キメが細かくやわらかな赤身と、味わいを強める脂肪のバランスがよい部位です。糖質、脂質、たんぱく質を体内で活用する手助けをするビタミンB_1やB_3が含まれ、糖質オフを心がけているかたは積極的に摂りたい部位。本書ではポークソテーやとんかつに利用する厚みのあるものをご紹介しています。

［脂肪つき］
たんぱく質 19.3 g
エネルギー 263kcal
糖質 0.2 g
脂質 19.2 g

鶏むね肉

材料（2人分）

鶏むね肉の塩糖水漬け…1枚

塩糖水…塩 小さじ2/3 糖 大さじ1/2 水 100㎖

こしょう…少量

アボカド…大1個

トマト…大1個

オリーブ油…大さじ1

マヨネーズ…約大さじ1

鶏肉とアボカド、トマトの重ね焼き

3つの素材がやわらかく、
口の中で混ざり合う
おいしさは初体験。
マヨネーズをかけるだけで
味がしっかり決まります。
仕上げにレモンをかけて
ワインのおともにも。

作り方

1 鶏むね肉の塩糖水漬けは水気をきり、ペーパータオルで水気を拭く。1cm厚さのそぎ切りにしてこしょうをふる。アボカドは縦半分に切り、種を取って皮をむき、1cm厚さに切る。トマトは縦半分に切ってへたを取り、1cm厚さに切る。

2 耐熱皿に**1**をトマト→鶏肉→アボカド→鶏肉の順に斜めに重ねる。オリーブ油を回しかけ（写真**a**）、オーブントースターで鶏肉に火が通るまで約10分焼く。

3 鶏肉に火が通ったらマヨネーズを全体にかけ（写真**b**）、再び3〜5分焼く。

＊鶏肉の火の通り具合は実際に重なりをよけて確認してください。

a

彩りよく並べてオリーブ油を全体に回しかけます。

b

約10分焼いたら取り出し、マヨネーズを全体にかけると焦げません。

HALES

材料（2人分）

鶏むね肉の塩糖水漬け…1枚
塩糖水…㊕小さじ2/3 ㊕大さじ1/2 ㊌100mℓ
こしょう…適量
小麦粉…適量
卵…1個
粉チーズ…大さじ1と1/2
オリーブ油…大さじ1
ベビーリーフ…適量

チキンピカタ

ピカタとは肉や魚に卵衣をつけて焼いたシンプルな料理です。
塩糖水漬けならふっくらやわらか。
衣にチーズを加えて風味豊かに焼き上げます。
豚肉や白身魚もおすすめ。

作り方

1 ボウルに卵をときほぐし、粉チーズを加えて混ぜる。鶏むね肉の塩糖水漬けは水気をきり、ペーパータオルでよく拭く。1.5cm厚さの斜め切りにし、こしょうをふる。

2 **1**の鶏肉に小麦粉を薄くはたく。フライパンにオリーブ油を入れて弱めの中火にかける。鶏肉を卵液にくぐらせて（写真**a**）フライパンに並べ、片面を約2分焼く（写真**b**）。
＊衣が固まるまで絶対触らないで。衣がガードして水分の流出を防ぎます。

3 裏返して約2分焼き、さらにときどき返しながら約1分、焦がさないように火を通す。ベビーリーフとともに器に盛る。

1切れずつ、卵液にくぐらせてムラなくつけます。

卵液が余ったら肉にかけるか、そのまま焼いて卵焼きに。

材料（2人分）

鶏むね肉の塩糖水漬け…1枚

塩糖水…塩 小さじ2/3　糖 大さじ1/2　水 100mℓ

小麦粉…適量

A
- 卵…1/2個
- 小麦粉…大さじ2
- 水…約小さじ1

パン粉…適量

塩、こしょう…各適量

揚げ油…適量

［青じそタルタルソース］
- 青じそ（細切り）…5枚分
- 玉ねぎ（ごく薄切り）…1/4個分
- わさび…小さじ1
- マヨネーズ…大さじ3

サラダ菜…適量

チキンカツ

サクサク衣の中は
感動のしっとり鶏むね肉。
水分を保つために、
衣にちょっと工夫をしています。
青じそ入り簡単タルタルソースが
アクセント。

バッター液でもっとふっくら

衣づけの卵に粉を少量加えたものをバッター液といい、卵だけよりも粘着力が強いのが特徴です。そのためパン粉がムラなくつき、肉に含まれた水分が流出せず、ふっくら仕上がります。

作り方

1 青じそタルタルソースを作る。玉ねぎは塩適量（分量外）をふって水気が出るまでもみ、水に5分浸して再びよくもみ、水気をギュッと絞る。ソースの材料をすべて合わせて混ぜる。

2 鶏むね肉の塩糖水漬けは水気をきり、ペーパータオルでよく拭く。厚みを揃えて斜め3等分にする（写真**a**）。

3 **A**を合わせて混ぜる。**2**にこしょうをふって小麦粉を薄くはたき、**A**をからめて（写真**b**）パン粉をつける。

4 揚げ油を170℃に熱し、**3**を5〜6分揚げ色がつくまでからりと揚げ、油をしっかりきる。落ち着いたら食べやすく切り、サラダ菜とともに器に盛って**1**を添える。

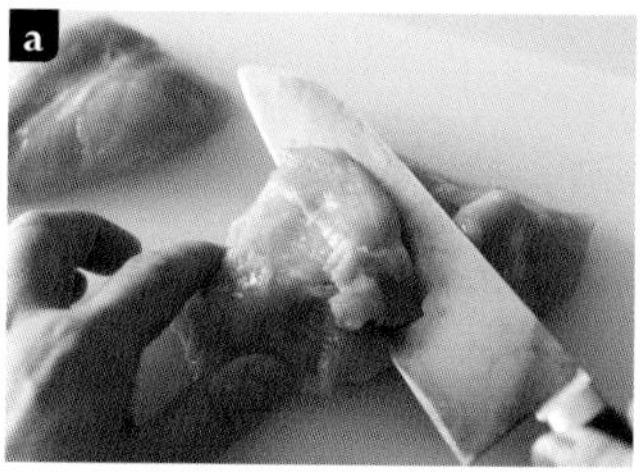

火の通りが均一になるように厚みを揃えて切ります。

卵に粉を少し混ぜておくと、肉にムラなくついて水分流出を防ぎます。

材料（2人分）

鶏むね肉の塩糖水漬け…1枚

塩糖水…㊗小さじ2/3 ㊕大さじ1/2 ㊌100㎖

パプリカ（赤・黄）…各1/2個

ズッキーニ…1本

A にんにく…1片

赤唐辛子…小1本

オリーブ油…約大さじ4

＊季節の野菜やきのこ類などでも。

鶏肉と彩り野菜のアヒージョ

バルの人気つまみを
鶏むね肉と野菜でおかずに。
鶏肉は大きく切って
火の入れすぎを防ぎ、
よりやわらかく仕上げます。

作り方

1 鶏むね肉の塩糖水漬けは水気をきってペーパータオルでよく拭き、2cm角に切る。パプリカは乱切りに、ズッキーニは厚めの半月切りにする。にんにくは芯を取って2mm厚さに切る。赤唐辛子は種を取って輪切りにする。

2 小さいフライパン（直径約20cm）にAを入れて中火にかける。にんにくが色づきはじめたら1の鶏肉を入れ、ときどき返しながら約2分焼く。
＊油の量はお好みでもう少し増やしても。

3 残りの野菜を加えて同様に2〜3分加熱し、火からおろす。

鶏肉ときのこのとろろグラタン

生クリームを使わず、
長いもとチーズでとろ〜り仕上げた
ヘルシーグラタン。
醤油をからめたチーズで
香ばしく焼き上げます。

材料（2人分）

- 鶏むね肉の塩糖水漬け…1枚
  - 塩糖水…㊕小さじ$\frac{2}{3}$ ㊕大さじ$\frac{1}{2}$ ㊌100㎖
- しめじ…小1パック
- 長ねぎ（小口切り）…5cm分
- 長いも…300g
- こしょう…少量
- ピザ用チーズ…60g
- 醤油…小さじ1
- オリーブ油…小さじ2

ポリ袋の角を切るととろろが簡単に流し込めます。

作り方

1 鶏むね肉の塩糖水漬けは水気をきり、ペーパータオルでよく拭く。縦半分に切り、1cm厚さのそぎ切りにしてこしょうをからめる。しめじは石づきを切り落としてほぐす。グラタン皿に鶏むね肉、しめじ、長ねぎを入れ、オリーブ油をからめて均一にならす。

2 長いもは粗く切ってポリ袋に入れ、少し粒が残る程度に麺棒でたたく。オーブンを200℃に予熱する。

3 **1**をオーブンで約7分焼いて取り出し、**2**のポリ袋の角を切って流し入れる（写真）。ピザ用チーズに醤油をからめてのせ、さらにオーブンで約10分焼き色がつくまで焼く。

鶏肉とトマトのチリソース炒め

食欲をそそるチリソースは
あっさり鶏むね肉と相性抜群。
鶏肉に片栗粉をはたくと、
含ませた水分が流出せず、
よりしっとり仕上がり、
とろみも自然につきます。

材料（2人分）

- 鶏むね肉の塩糖水漬け…1枚
  - 塩糖水…塩小さじ$\frac{2}{3}$ 糖大さじ$\frac{1}{2}$ 水100mℓ
- 片栗粉…小さじ2
- プチトマト…10個
- **A**
  - 豆板醤…小さじ$\frac{1}{2}$
  - 生姜（みじん切り）…小さじ1
  - にんにく（みじん切り）…小さじ$\frac{1}{2}$
  - ごま油…大さじ$\frac{1}{2}$
- **B**
  - 酢…大さじ1
  - ケチャップ…大さじ1
  - 砂糖…大さじ$\frac{1}{2}$
  - 醤油…小さじ1
  - 水…大さじ3
- 長ねぎ（みじん切り）…大さじ3
- サラダ油…大さじ$\frac{1}{2}$

作り方

1 鶏むね肉の塩糖水漬けは水気をきってペーパータオルでよく拭く。縦半分に切って1.5㎝厚さのそぎ切りにする。プチトマトはへたを取る。**B**は合わせて混ぜる。

2 **1**の鶏肉に片栗粉をはたく。フライパンにサラダ油を熱して中火にし、鶏肉を並べる。両面を軽く焼いて取り出す。

3 **2**のフライパンをキッチンペーパーで拭いてきれいにし、**A**を入れて中火にかける。香りが立ったら**1**のプチトマトをさっと炒める。

4 **B**を加え、**2**の鶏肉を戻し入れる（写真）。とろみがつくまで全体に1分ほど炒め、長ねぎを加えて大きく混ぜて火を止める。

鶏肉はいったん取り出すと火を通しすぎずふっくら仕上がります。

チキン クリームシチュー

鶏肉のバスク風煮込み

チキンクリームシチュー

鶏むね肉を牛乳で軽く煮る、さらっとしたシチューです。鶏肉に味が入っているので、野菜が煮えてから加えて火が通ったら加熱終了。

材料（作りやすい量）

鶏むね肉の塩糖水漬け…1枚

塩糖水…塩小さじ2/3　糖大さじ1/2　水100㎖

玉ねぎ…1/2個

にんじん…1/2本

じゃがいも…小2個

ブロッコリー（小房に分けたもの）…4房

［ブールマニエ］

バター（やわらかくもどす）…20g

小麦粉…20g

水…400㎖

牛乳…200㎖

塩、こしょう…各適量

サラダ油…小さじ1

さらっとしたシチューなので、バゲットを浸して食べてもおいしい。

作り方

1 玉ねぎはくし形切りに、にんじんは厚めのいちょう切りに、じゃがいもは一口大に、ブロッコリーは半分に切る。鶏むね肉の塩糖水漬けは水気をきってペーパータオルでよく拭く。2〜3cm角に切ってこしょう少量をふる。ボウルにブールマニエの材料を合わせてなめらかに練り混ぜる。

＊鶏肉は大きめに切って火の通しすぎを防ぎ、またシチューらしさを出します。

2 鍋にサラダ油を入れて中火にかけ、**1**の玉ねぎ、にんじん、じゃがいもを加えてさっと炒める。水を加えて沸いたら弱火にし、蓋をしてやわらかくなるまで7〜10分煮る。

3 牛乳、**1**のブロッコリー、鶏肉を加えて（写真**a**）弱めの中火にし、ひと煮立ちさせて火を止める。ブールマニエに煮汁少量を加え、なめらかに混ぜ溶かして鍋に戻し入れ（写真**b**）、全体に混ぜる。

4 再び中火にかけてときどき混ぜながら温め、塩、こしょうで味をととのえる。とろみがついて鶏肉に火が通るまで煮る。

＊温め直しのときは煮立てないこと。

野菜に火が入ってから鶏肉を入れ、加熱しすぎを防ぎます。

とろみのもと「ブールマニエ」は煮汁で溶いて加えるとムラなく混ざります。

鶏肉のバスク風煮込み

いろいろな野菜の旨みが溶け合ったトマト煮です。あっさりとした鶏むね肉に野菜のおいしさがからんで深い味わいが楽しめます。

材料（作りやすい量）

鶏むね肉の塩糖水漬け…1枚
塩糖水…(塩)小さじ2/3 (糖)大さじ1/2 (水)100mℓ

- 玉ねぎ…1/2個
- セロリ…1/2本
- パプリカ（黄）…1/2個
- ピーマン…2個
- トマトの水煮缶（ダイスカット）…1缶（400g）
- 白ワイン（または水）…60mℓ
- 塩、こしょう…各適量
- オリーブ油…大さじ2

ご飯とともに盛って全体に粉チーズをかけるとワンプレートに。

作り方

1 玉ねぎ、セロリはみじん切りに、パプリカ、ピーマンは小さめの乱切りにする。鶏むね肉の塩糖水漬けは水気をきってペーパータオルでよく拭く。縦半分に切って1.5cm厚さのそぎ切りにし、こしょう少量をふる。

2 フライパンにオリーブ油半量を入れて中火にかけ、**1**の鶏肉の両面を軽く焼いて取り出す。
＊焼くと香ばしくなります。ここでは中まで火が通っていない状態。

3 **2**のフライパンに**1**の野菜を入れ、しんなりするまで約3分炒める。白ワインを加えて混ぜ、煮汁がほぼなくなるまで煮詰め、トマトの水煮缶を加える（写真）。沸いたら弱火にし、ときどき混ぜながら約8分煮る。

4 **2**の鶏肉を戻し入れ、火が通るまで約3分煮て塩、こしょうで味をととのえる。残りのオリーブ油を回し入れる。
＊鶏肉に火が入ったら、すぐに火からおろしてやわらかく仕上げましょう。

ワインを入れたらしっかり煮詰めて野菜に風味をつけます。

自家製サラダチキン

ヘルシーさと手軽さですっかり
スーパーやコンビニの
定番商品となったサラダチキン。
塩糖水漬けならよりしっとり
ふっくらおいしく作れます。
簡単に作れて、使い方もいろいろ。
ここでご紹介するバリエーションのほか、
冷やし中華やそうめん、サンドイッチ、
和洋中のサラダや和え物など
朝、昼、夕それぞれに活躍してくれます。

材料（作りやすい量）

鶏むね肉の塩糖水漬け…1枚
塩糖水…塩小さじ2/3 糖大さじ1/2 水100mℓ
酒…30mℓ
水…80mℓ

蒸し汁とともに
冷蔵庫で2日間
保存できます。

作り方

1 鶏むね肉の塩糖水漬けは水気をきってペーパータオルでよく拭き、約15分室温におく。

2 フライパンに酒、水を入れて**1**をおき、蓋をして中火にかける。

3 蒸し汁が沸いたら鶏肉を裏返し、再び蓋をして弱めの中火にし、7分加熱する。

4 火を止めてそのまま粗熱が取れるまでおく。

鶏肉の生春巻き

野菜は手に入りやすいものを。
パクチーを入れると
よりアジアらしい味になります。

材料（2人分）

- 自家製サラダチキン（→P.30）…1/2枚
- にんじん（細切り）…30g
- パプリカ（細切り）…50g
- 紫玉ねぎ（ごく薄切り）…50g
- サンチュ…約8枚
- 生春巻きの皮…6枚

［たれ］

- 酢…大さじ1
- 砂糖…大さじ1
- ナンプラー…大さじ1
- 水…大さじ1
- チリペッパー（または一味唐辛子）…少量
- ピーナッツ（刻んだもの）…適量

作り方

1 紫玉ねぎは塩少量（分量外）をからめて軽くもみ、約5分水に浸し、再び軽くもんで水気をギュッと絞る。サンチュは大きめにちぎる。自家製サラダチキンは食べやすくさく。にんじん、パプリカを含め、すべての具材をそれぞれ6等分し、生春巻き1本に使う具材を一皿にまとめる。

2 清潔なふきんをぬらしてよく絞って広げ、生春巻きの皮をさっと濡らしてふきんの上におく。**1**の1本分の具材を手早く中央にのせ、皮がやわらかくなる前に巻きはじめ、巻き終わりを下にして皮がくっつくまで押さえる。残りも同様に巻く。

＊生春巻きの皮の巻き始めは、クリアファイルくらいの固さが目安。巻き終わったときに固くてもしばらくするとなじみます。

3 たれの材料を合わせて混ぜる。**2**を食べやすく切って器に盛り、たれを添える。

ごちそうポテサラ

マヨヨーグルトで和えたさっぱり大人味。

材料（2人分）

- 自家製サラダチキン（↓P.30）…1/2枚
- じゃがいも…2個
- ゆで卵…2個
- 玉ねぎ…1/4個
- **A**
  - 酢…大さじ1/2
  - 塩…小さじ1/4
  - こしょう…少量
- **B**
  - マヨネーズ…大さじ2
  - プレーンヨーグルト…大さじ2
- 粗びき黒こしょう…適量

作り方

1 じゃがいもは一口大に切って串がすっと通る程度にゆで、湯をきって鍋に戻して中火にかけ、鍋をゆすって余分な水分を飛ばす。熱いうちに粗くつぶし、**A**を加えて混ぜて冷ます。

2 玉ねぎはごく薄く切って塩適量（分量外）をふって水気が出るまでもみ、約5分水に浸す。再びよくもんで、水気をギュッと絞る。自家製サラダチキンは小さめの角切りにする。

3 **1**に**B**を加えて混ぜ、ゆで卵を加えて軽くつぶし、**2**を加えて全体にさっくり混ぜる。器に盛って好みで粗びき黒こしょうをふる。

棒棒鶏

鶏肉に味が入っている分、たれは少なめでもおいしく食べられます。

材料（2人分）

- 自家製サラダチキン（↓P.30）…1/2枚
- きゅうり…1本
- ［たれ］
  - 白すりごま…大さじ1と1/2
  - 白練りごま…大さじ1と1/2
  - 醤油…大さじ1と1/2
  - 酢…大さじ1
  - 砂糖…大さじ1/2
  - 生姜（すりおろし）…小さじ1/2
  - 長ねぎ（みじん切り）…5cm分
  - ごま油…大さじ1/2

作り方

1 きゅうりはピーラーで薄く切り、自家製サラダチキンは食べやすくさいて器に盛る。

2 たれの材料を混ぜ合わせ、**1**にかける。

サラダチキン冷製ソース

鶏肉にしっかり
味が入っているので、
ソースは薄味仕上げで
野菜のフレッシュな味わいが
楽しめます。
冷蔵庫から出して
そのまま食べられるため、
お出かけする日の
作り置きにも便利。

＊自家製サラダチキン（↓P.30）1枚で2人分が目安。そぎ切りにしてソースがかかる面積を大きくしましょう。

サルサソース

塩を入れないので
長時間おいても
水っぽくなる心配なし！

材料（自家製サラダチキン1枚分）

- トマト…大1個
- ピーマン…1個
- セロリ…2cm
- 紫玉ねぎ*…1/4個分（50g）
- オリーブ油…大さじ2
- 一味唐辛子…適量

＊なければ玉ねぎをしっかり水にさらして使用する。

作り方

1 トマトは横半分に切って種を取り除き、1cm角に切る。ピーマン、セロリ、紫玉ねぎは粗みじん切りにし、紫玉ねぎは約5分水にさらしてしっかり水気を絞る。

2 すべての材料を合わせて混ぜ、そぎ切りにした自家製サラダチキンにかける。

＊食べるときに好みで塩をしてください。

ジンジャーオニオンマリネソース

マリネソースの材料を混ぜて
半日ほどおくと、
より味がなじみます。

材料（自家製サラダチキン1枚分）

- 生姜の甘酢漬け（がり）…60g
- みょうが…2本
- 玉ねぎ…1個
- 酢…大さじ3
- 水…大さじ2
- 砂糖…大さじ1と1/2
- 塩…小さじ1/2
- サラダ油…大さじ1と1/2

作り方

1 玉ねぎは塩適量（分量外）をふって水気が出るまでもんで約5分水に浸す。再びよくもんで水気をギュッと絞る。みょうがは縦半分に切って細切りに、生姜の甘酢漬けは軽く汁気を絞ってざく切りにする。

2 ボウルにすべての材料を合わせて混ぜ、最低2時間おいて、そぎ切りにした自家製サラダチキンにかける。

蒸し鶏の野菜チーズソース

サラダチキンの要領で
ふっくら仕上げた鶏むね肉に
チーズがからんだコクのある料理。
牛乳を白ワインにすると
チーズフォンデュ風に。

材料（2人分）

- 鶏むね肉の塩糖水漬け…1枚
  - 塩糖水…㊣塩小さじ2/3 ㊣糖大さじ1/2 ㊣水100mℓ
- 白ワイン（または酒）…大さじ2
- 水…100mℓ
- グリーンアスパラガス…3本
- ブロッコリー（小房に分けたもの）…4房
- 小麦粉…大さじ1/2
- ピザ用チーズ…100g
- 牛乳…80mℓ
- サラダ油…小さじ1
- 粗びき黒こしょう…適量

作り方

1 グリーンアスパラガスは5㎜幅の斜め切りにする。ブロッコリーは縦4等分にする。

2 鶏むね肉の塩糖水漬けはサラダチキン（→p.30）の作り方**1**～**3**を参照してフライパンで8分加熱し、取り出してアルミ箔に包む。蒸し汁はフライパンに残す。

*サラダチキンの材料の酒を白ワインに替えます。アルミ箔に包んでおくと、ソース作りの間に鶏肉が冷めません。

3 **2**のフライパンに**1**とサラダ油を入れて蓋をし、約1分中火にかける。蓋を取って水分を飛ばし、小麦粉を全体にふり入れ（写真**a**）、粉気がなくなるまで炒めて牛乳を加える。ときどき混ぜてとろみがついたら、ピザ用チーズを加えて（写真**b**）手早く混ぜてチーズを溶かす。

4 **2**を切って器に盛り、**3**をかけて粗びき黒こしょうをふる。

a

野菜に粉をからませると、チーズが分離せずきれいにまとまります。

b

粉と牛乳がしっかり混ざり、とろみがついたらチーズを溶かします。

材料（2人分）

鶏むね肉の塩糖水漬け…1枚

塩糖水…塩 小さじ2/3　糖 大さじ1/2　水 100㎖

片栗粉…大さじ1/2

青梗菜…2株

生姜（細切り）…小1かけ分

水…大さじ1

ごま油…大さじ1/2

鶏肉と青梗菜の中華炒め

塩糖水漬けの鶏肉なら、
生姜とごま油で香りよく炒め、
味つけ不要。
青梗菜は水とともに蒸気で
シャキシャキに火を通します。

作り方

1 青梗菜は縦半分に切って根元を6〜8等分に切る。鶏むね肉の塩糖水漬けは水気をきってペーパータオルでよく拭く。縦半分に切り、1cm厚さのそぎ切りにする。

2 **1**の鶏肉に片栗粉を薄くまぶす。フライパンにごま油を入れて中火にかけ、温まったら鶏肉を並べる。両面をさっと焼いて取り出す。

3 **2**のフライパンの火を強めて生姜、**1**の青梗菜の根元、水を入れてさっと炒める。しんなりしたら葉先と鶏肉を加えて全体に炒め合わせ、鶏肉に火を通す。

＊青梗菜はある程度根元に火を通してから葉先を加えて、歯ごたえよく仕上げます。

材料（2人分）

鶏むね肉の塩糖水漬け…1枚

塩糖水…塩 小さじ$\frac{2}{3}$ 糖 大さじ$\frac{1}{2}$ 水 100mℓ

レタス…200g

セロリ…1本

にんにく…1片

レモン（国産。輪切り）…2枚

レモン汁…大さじ1

塩、こしょう…各適量

オリーブ油…大さじ2

鶏肉とレタスのさっと炒め レモン風味

レタスとレモン風味のさわやかな炒め物。レタスはまだ生っぽいなという状態のうちに火からおろして盛りつけるとシャキシャキに。

作り方

1 レタスは大きめにちぎる。セロリは5mm幅の斜め切りにする。にんにくは芯を取って薄切りにする。鶏むね肉の塩糖水漬けは水気をきってペーパータオルでよく拭く。縦半分に切って1cm厚さのそぎ切りにする。

2 フライパンに**1**の鶏肉を広げ、セロリ、レモン、にんにくを全体に散らし、オリーブ油を回しかけて中火にかける。フライパンが熱くなったら蓋をし、ときどき全体を混ぜて3分加熱する。

＊焦げそうなときは水少量を加えてください。

3 鶏肉に火が通ったら**1**のレタスを加えて蓋をし、軽くしんなりしたら全体を混ぜる。塩、こしょうで味をととのえ、レモン汁をかける。

＊好みでセロリの葉を加えても。

鶏しゃぶ

さっと火を通した鶏肉は、
とろけるようなやわらかさ。
これぞ鶏しゃぶの醍醐味です。
豚ロース肉で「豚しゃぶ」もおすすめ。

材料（2人分）

- 鶏むね肉の塩糖水漬け…1枚
  - 塩糖水…塩 小さじ2/3 糖 大さじ1/2 水 100mℓ
- 長ねぎ…1～2本
- 三つ葉…1束
- 大根、にんじん…各適量
- A 昆布…1枚（5g）
  - 水…1～1.5ℓ
- 酒…50mℓ

＊野菜はきのこや白菜など好みのものを。

②種のたれ

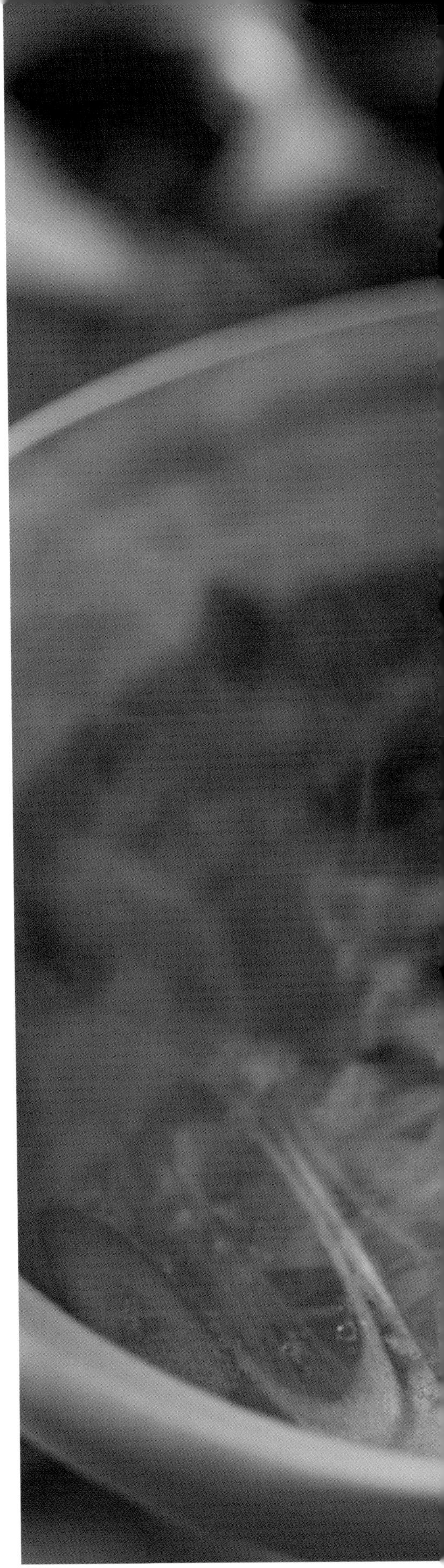

［ごまだれ（作りやすい量）］

白練りごま…大さじ1と$\frac{1}{2}$

白すりごま…大さじ1と$\frac{1}{2}$

醤油…大さじ1と$\frac{1}{2}$

砂糖…小さじ1

昆布だし（鍋用に作ったもの）…大さじ2

すべての材料を合わせて混ぜる。

［ピリ辛中華だれ（作りやすい量）］

B 豆板醤…小さじ$\frac{1}{2}$

生姜（みじん切り）…小さじ1

にんにく（みじん切り）…小さじ$\frac{1}{2}$

ごま油…大さじ1

醤油…大さじ1と$\frac{1}{2}$

酢…大さじ1

1 耐熱ボウルにBを入れる。小さいフライパンにごま油を入れて火にかけ、少し煙が出るほど熱々になったらボウルに加えて混ぜる。

2 残りの材料を加えて混ぜる。

作り方

1 土鍋にAを入れて約15分おき、火にかけて沸かす。

2 長ねぎは斜め薄切りに、大根とにんじんはピーラーで薄く削る。三つ葉は食べやすい長さに切る。鶏むね肉の塩糖水漬けは水気をきってペーパータオルでよく拭く。縦半分に切ってごく薄いそぎ切りにする。

＊鶏肉は冷凍庫に1時間ほど入れて少し凍りかけた状態にすると、薄くきれいに切れます。

3 1の昆布を取り出し、酒を加えて卓上コンロにかける。肉と野菜を入れてさっと火を通してごまだれ、ピリ辛中華だれをつけて食べる。

＊鶏肉の火の通りの目安は5㎜厚さで約30秒です。

鶏肉と白菜の煮込み 帆立貝柱風味

とろとろに煮込んだ
白菜の甘みと帆立貝柱の旨みが
じんわりしみるおかず。
ふっくら鶏むね肉に
煮汁がやさしくなじみます。

材料（2人分）

鶏むね肉の塩糖水漬け…1枚
塩糖水…塩小さじ2/3 糖大さじ1/2 水100mℓ
白菜…1/4個
しいたけ…3枚
帆立貝柱（缶詰）…小1缶（70g）
A 酒…50mℓ
　水…50mℓ
ごま油…大さじ1
塩、こしょう…各適量
［水溶き片栗粉］
片栗粉…小さじ1
水…小さじ2

作り方

1 白菜は3〜4cm幅に切る。しいたけは石づきを切り落として斜め切りにする。鶏むね肉の塩糖水漬けは水気をきってペーパータオルでよく拭く。約1cm厚さのそぎ切りにする。

2 鍋（またはフライパン）に1の白菜、しいたけ、帆立貝柱の缶汁、Aを入れて蓋をし、中火にかける。沸いたら約10分、白菜がとろとろにやわらかくなるまで蒸し煮する。

＊帆立の缶汁で野菜を煮込み、旨みを溶け合わせます。

3 帆立貝柱、1の鶏肉を広げ入れ、蓋をして鶏肉に火が通るまで1〜2分煮る。塩、こしょうで味をととのえ、水溶き片栗粉でとろみをつける。

鶏肉とあさり、わかめの生姜蒸し

あさりの酒蒸しに鶏肉やわかめを加えて主菜に。材料を重ねただけで、蒸気が回ってわかめが旨みをたっぷり吸います。

材料（2人分）

鶏むね肉の塩糖水漬け…1枚
塩糖水…㊝小さじ2/3 ㊞大さじ1/2 ㊌100㎖

あさり（砂抜きする）…200g
わかめ（塩蔵）…40g
えのきたけ…小1袋
生姜（細切り）…小1かけ分
A 酒…大さじ2
　水…大さじ2
万能ねぎ（小口切り）…3本分

作り方

1 わかめは流水で洗って水に浸してもどし、水気を絞って食べやすく切る。あさりは殻をこすり洗いする。えのきたけは石づきを切り落とす。鶏むね肉の塩糖水漬けは水気をきってペーパータオルでよく拭く。約1.5㎝厚さのそぎ切りにする。

2 浅めの鍋（またはフライパン）に**1**のわかめ、えのきたけを広げ入れ、鶏肉を重ならないように広げる。あさりを広げ入れて生姜を散らす。**A**をふりかけ強めの中火にかける。
＊わかめを下にすると旨みをたっぷり吸います。

3 沸いたら蓋をしてあさりの口が開くまで3〜4分ほど蒸し煮する。万能ねぎを散らす。
＊好みですだちなど柑橘類を搾っても。

鶏ささ身肉

鶏天

ふわふわサクサクの衣の中は
しっとりやわらか。
初めての感覚に
驚きの声があがりそう！
ふわっと軽い衣の秘密は炭酸水。
何度も作りたくなる
シンプルレシピです。

材料（2人分）

鶏ささ身の塩糖水漬け…4〜6本（約250g）
塩糖水…塩 小さじ2/3 糖 大さじ1/2 水 100mℓ

［衣］
- 小麦粉…大さじ5〜6
- 炭酸水*1…大さじ5〜6

小麦粉…適量
揚げ油…適量
ブロッコリー*2（ゆでたもの）…適量

*1 あれば強めの炭酸水がおすすめ。ビールでも可。
*2 ゆでブロッコリーの塩糖水漬け（↓P.96）もおすすめ。

作り方

1 鶏ささ身の塩糖水漬けは水気をきってペーパータオルでよく拭く。1本を3〜4等分のそぎ切りにする。衣を作る。ボウルに小麦粉を入れ、炭酸水を加えて泡立て器で混ぜる（写真**a**）。

2 **1**の鶏ささ身に小麦粉を薄くはたく。揚げ油を中温に温め、鶏肉に衣をつけて揚げる（写真**b**）。約2分、からりと揚がったら取り出してしばらくおく。

3 再び**2**の揚げ油に入れて約20秒、からりと二度揚げする。油をきってブロッコリーとともに器に盛る。

a 水の代わりに炭酸水にするとふっくら仕上がります。

b 最初は約2分。取り出してしばらくおくと中まで火が通ります。

鶏ささ身とピーマンの青椒肉絲風

シンプルな炒め物だからこそ
味をととのえる塩は控えめに。
塩糖水でプリッと
やわらかい食感が実現しました。

材料（2人分）

鶏ささ身の塩糖水漬け…4〜6本（約250g）
塩糖水…(塩)小さじ2/3 (糖)大さじ1/2 (水)100mℓ

A 片栗粉…大さじ1 1/2
　 サラダ油…小さじ1

ピーマン…6個
生姜（細切り）…小1かけ分
酒…大さじ1
塩、こしょう…各適量
ごま油…大さじ1

作り方

1 鶏ささ身の塩糖水漬けは水気をきってペーパータオルでよく拭く。1本を縦半分に切って細めの斜め切りにする。ピーマンは細切りにする。

2 **1**のささ身にこしょうをふって**A**をからめる。フライパンにごま油半量を入れて中火にかけて温め、ささ身を入れてほぐしながら軽く炒めて取り出す。

3 **2**のフライパンに残りのごま油、生姜を入れて中火にかけ、香りが立ったら**1**のピーマンを加えてさっと炒める。酒を加えてピーマンがしんなりしたら軽く塩、こしょうをし、**2**を戻し入れ、軽く炒め合わせる。

鶏ささ身ときくらげの玉子炒め

おなじみの中華炒めに
鶏肉を加えてボリュームアップ。
調味不要だからもたもたせず、
絶妙な炒め具合を狙えます。

材料（2人分）

鶏ささ身の塩糖水漬け…4〜6本（約250g）
塩糖水…㊟塩小さじ2/3 ㊟糖大さじ1/2 ㊟水100mℓ

きくらげ（生）*…1パック（80〜100g）

生姜（みじん切り）…小1かけ分

卵…2個

塩、こしょう…各適量

ごま油…大さじ1

*乾燥の場合は10g用意して水でもどします。

作り方

1 きくらげは石づきを切り落とし、食べやすく切る。鶏ささ身の塩糖水漬けは水気をきり、ペーパータオルでよく拭いて薄いそぎ切りにする。ボウルに卵を割りほぐし、塩、こしょうをする。

2 フライパンにごま油半量を入れて中火にかけ、香りが立ったら**1**の卵液を入れて大きく混ぜ、半生状態で取り出す。

3 **2**のフライパンに残りのごま油と生姜を入れて中火にかける。残りの**1**を入れてささ身に火が通るまで炒め、**2**を戻し入れて大きく混ぜる。

鶏手羽元・手羽中

鶏手羽元と大根の煮物

骨付き肉の旨みを存分に
味わえるおいしい煮物。
大根はあらかじめ
電子レンジで火を通し、
乾かしてしわしわにします。
煮汁を吸ってふっくらしみしみ。

材料（2人分）

- 鶏手羽元の塩糖水漬け…6本
  - 塩糖水…㊕塩小さじ2/3 ㊕糖大さじ1/2 ㊕水100mℓ
- 大根…10cm（500g）
- **A**
  - 酒…100mℓ
  - 水…200mℓ
  - 昆布（5cm角）…1枚
- 塩、こしょう…各適量

作り方

1 大根は長さを4等分して半分に切り、耐熱皿に並べてラップをかける。電子レンジで8分ほど加熱し、竹串がすっと通るやわらかさにする。ラップをはずして粗熱を取る（写真）。

2 鍋に**A**と鶏手羽元の塩糖水漬けの水気をきって入れ、中火にかける。沸いたらあくをすくって弱火にし、約10分煮る。

3 **2**に**1**を加え、水分が足りなければ水（分量外）をひたひたに加えて約10分煮る。塩、こしょうで味をととのえる。

＊好みで練り辛子を添えても。

冷まして乾かすと鶏手羽と昆布の旨みを含んだ煮汁がよくしみます。

材料（2人分）

鶏手羽元の塩糖水漬け…6本

塩糖水…㊕小さじ2/3 ㊚大さじ1/2 ㊌100㎖

玉ねぎ…1/2個

じゃがいも…小2個

にんじん…1/2本

さやいんげん…8本

A にんにく（すりおろし）…小さじ1

　生姜（すりおろし）…大さじ1/2

　バター…15g

　カレー粉…大さじ1

B 水…500㎖

　塩…小さじ1

塩、こしょう…各適量

ご飯…適量

鶏手羽元のスープカレー

カレーといってもルーもブイヨンも不要。
さわやかな辛みと
骨付き肉ならではの旨みたっぷり。
塩糖水漬けの骨付き肉だからこそ、
シンプル調理で簡単に作れます。

作り方

1 鶏手羽元の塩糖水漬けは水気をきり、ペーパータオルでよく拭く。玉ねぎはくし形切りに、にんじんは乱切りにする。さやいんげんは筋を取って長さを半分に切る。

2 鍋に**A**を入れて中火にかけ、バターが溶けて香りが立ったら**1**の鶏肉を炒めて油をからめる。玉ねぎ、にんじん、じゃがいもを加えて全体に炒め、カレー粉をふって炒め合わせる（写真）。

3 **B**を加えて煮立ったら弱火にし、蓋をずらしてのせて約20分煮る。**1**のさやいんげんを加えてやわらかくなったら塩、こしょうで味をととのえる。器に盛ってご飯を添える。

カレー粉は油脂で炒めると香りがしっかり立ちます。

鶏手羽中のオーブン焼き

焼くだけでふっくらジューシー。
びっくりするほど
身離れがよいのも
塩糖水のおかげです。

材料（2人分）

鶏手羽中の塩糖水漬け…12本
塩糖水…㊏小さじ2/3 ㊑大さじ1/2 ㊌100㎖
パプリカ（赤）…1個
かぶ…2個
オリーブ油…大さじ2
粗びき黒こしょう…少量

作り方

1 鶏手羽中の塩糖水漬けは水気をきり、ペーパータオルでよく拭く。パプリカは乱切りにする。かぶは茎を少し残して4〜6等分のくし形切りにし、水に浸して茎の間の汚れを落とし、水気をきる。

2 オーブンは200〜220℃に予熱する。天板にオーブンペーパーを敷き、**1**をのせてオリーブ油をかけ、全体にからめて重ならないように広げる。オーブンで約15分焼く。

*野菜は肉と同時に火が通るものなら、焼きっぱなしで一緒に仕上がります。

3 オーブンから取り出して粗びき黒こしょうをふる。

材料（2人分）

鶏手羽元の塩糖水漬け…6本

塩糖水…塩 小さじ$\frac{2}{3}$ 糖 大さじ$\frac{1}{2}$ 水 100mℓ

A 生姜（すりおろし）…小さじ1
にんにく（すりおろし）…小さじ$\frac{1}{2}$
酒…大さじ1
こしょう…少量

B 小麦粉…大さじ4
片栗粉…大さじ1

揚げ油…適量

レモン（くし形切り）…適量

フライドチキン

かぶりついたときの「ガリッ」でわかる本格派。粉を二度づけすることでこの食感が生まれます。しっとり身離れも抜群。

作り方

1 鶏手羽元の塩糖水漬けは水気をきってペーパータオルでよく拭き、ボウルに入れる。**A**を加えてからめ、小麦粉をふり入れて混ぜる。

2 バットに**B**を合わせ、**1**を入れてたっぷりつけてそのままおく。粉っぽさがなくなり表面がしっとりしたら、さらに**B**をまぶしつけ、残った粉を手で押さえつける。
＊ここで丁寧にしっかりつけるとガリッとした食感に。

3 揚げ油を170℃に熱し、**2**を約5分揚げる。いったん取り出して休ませ、再び30秒ほど二度揚げし、からりとしたら油をきる。器に盛ってレモンを添える。

豚もも切り落とし肉

豚肉とスナップエンドウ、アスパラガスのバター蒸し

豚肉の旨みと野菜の甘み、
バターのコクが溶け合う蒸し煮。
蒸し煮は油控えめのうえ、
肉がパサつかず
肉の旨みを野菜が吸って
全体にまとまりのある味に。
季節の野菜をおいしく
いただく術です。

材料（2人分）

豚もも切り落とし肉の塩糖水漬け…250g
塩糖水…塩小さじ2/3 糖大さじ1/2 水100mℓ
こしょう…少量
グリーンアスパラガス…1束
スナップエンドウ…8本
にんにく…1片
A バター…10g
— 水…50mℓ
B 粉チーズ…大さじ1
— 粗びき黒こしょう…適量

作り方

1 グリーンアスパラガスは根元の固い部分をピーラーでむき、5cm長さの斜め切りにする。スナップエンドウは筋を取り除く。にんにくは芯を取り除いて薄切りにする。豚もも切り落とし肉の塩糖水漬けはざるにあげ、手でギュッと押さえて水気をきり、こしょうをふる。

2 フライパンに**1**の豚肉を広げ入れ、アスパラガス、スナップエンドウ、にんにくを均一にのせる。**A**を加えて蓋をして中火にかける。

3 沸いてから約3分したら蓋を取り、豚肉をほぐしながら全体に混ぜる。強火にして蒸し汁がほぼなくなったら器に盛って**B**をかける。

豚肉と根菜のごま味噌炒め

「炒め」といっても筑前煮風。
蒸し煮して素材の旨みが
溶け合った煮汁をすりごまに含ませ、
余分な水分を飛ばします。

材料（2人分）

豚もも切り落とし肉の塩糖水漬け…250g
塩糖水…塩小さじ2/3 糖大さじ1/2 水100mℓ
ごぼう…1本
れんこん…100g
にんじん…1/2本
A 味噌…大さじ1と1/2
　砂糖…大さじ1
　水…100mℓ
サラダ油…大さじ1/2
白すりごま…大さじ2

作り方

1 ごぼうは表面をよく洗い、5mm厚さの斜め切りにして水に約5分さらし、水気をきる。れんこん、にんじんは乱切りにする。豚もも切り落とし肉の塩糖水漬けはざるにあげ、手でギュッと押さえて水気をきる。

2 フライパンにサラダ油を入れて中火にかけ、**1**の野菜を炒めて油をからめる。**A**を加えて全体に混ぜて味噌を溶かし、蓋をして弱火にし、約5分煮る。
*豚肉にしっかり味があるので味噌は隠し味程度で充分。

3 **1**の豚肉をほぐし入れて大きく混ぜ、蓋をして約2分加熱する。豚肉に火が通ったら強めの中火にし、ときどき混ぜながら煮汁がほぼなくなるまで煮詰め、白すりごまを加えて全体に混ぜる。

豚肉の八宝菜風

水分が出やすい野菜も、
炒めず蒸し煮で。
水溶き片栗粉でとろみをつけ、
旨みたっぷりの煮汁を
しっかりからめます。

材料（2人分）

豚もも切り落とし肉の塩糖水漬け…250g
塩糖水…塩小さじ2/3　糖大さじ1/2　水100mℓ
キャベツ…200g
ピーマン…2個
にんじん…1/3本
うずらの卵（ゆでたもの）…6個
A 生姜（みじん切り）…大さじ1/2
　ごま油…大さじ1
　水…50mℓ
塩、こしょう…各適量
［水溶き片栗粉］
　片栗粉…小さじ1
　水…小さじ2

作り方

1 キャベツ、ピーマンは食べやすい大きさに切る。にんじんは3㎜厚さの半月切りにする。豚もも切り落とし肉の塩糖水漬けはざるにあげ、手でギュッと押さえて水気をきる。

2 フライパンに1の野菜を広げ入れ、豚肉も重ならないように広げる。Aを全体にかけて中火にかける。煮立ったら蓋をして約5分蒸し煮にする。

3 全体に混ぜ合わせ、うずらの卵を加えて塩、こしょうで味をととのえる。全体を混ぜながら水溶き片栗粉を手早く加えてとろみをつけ、ふつふつと煮立つまで加熱する。

ゆで豚で簡単クッキング

塩糖水漬けの豚もも切り落とし肉は、
さっとゆでるだけで
和洋中のジャンルを問わず用途いろいろ。
味がしっかり入っている分、
和えてすぐでも時間が経っても
おいしく食べられます。
ゆで汁はあくを取り除けば
おいしいスープに。
一度に2品作れるうれしい調理法です。

材料（作りやすい量）
豚もも切り落とし肉の塩糖水漬け…250g
塩糖水…塩小さじ2/3 糖大さじ1/2 水100mℓ

作り方

1 豚もも切り落とし肉の塩糖水漬けはざるにあげ、手でギュッと押さえて水気をきる。

2 鍋にたっぷりの湯（約1.5ℓ）を沸かし、ごく弱火にする。**1**の1/4量を入れて箸でほぐしながら9割程度火を通し、すくい取ってざるにあげる。残りも同様に火を通す。
＊余熱で充分火が入ります。

3 バットなどに広げて冷ます。

ゆで豚のヤムウンセン風サラダ

魚介を入れずにゆで豚たっぷりの主菜にもなるタイ風サラダです。アジア料理好きにはたまらない一品。

材料（2〜3人分）

- ゆで豚（→P.56）…全量
- 紫玉ねぎ…1/2個
- トマト…1個
- 春雨（乾燥）…30g
- パクチー…適量
- **A**
  - ナンプラー…大さじ1
  - レモン汁…大さじ1
  - 砂糖…小さじ1
  - にんにく（すりおろし）…小さじ1/3
  - 一味唐辛子…少量
  - サラダ油…大さじ1と1/2

作り方

1. 紫玉ねぎはごく薄切りにして塩少量（分量外）をからめて軽くもみ、約5分水に浸す。再び軽くもんで水気をしっかり絞る。トマトは角切りにする。パクチーはざく切りにする。
2. 春雨は熱湯でさっとゆでてざるにあげて冷まし、食べやすく切る。
3. ボウルに**A**を合わせて混ぜ、ゆで豚、**1**の紫玉ねぎ、トマト、**2**を加えて和え、器に盛ってパクチーを添える。

ゆで豚と干し大根の中華マリネ

豚肉と切り干し大根にそれぞれ味を含ませれば、時間をおいても水っぽくなりません。

材料（2〜3人分）

- ゆで豚（↓P.56）…全量
- 切り干し大根…30g
- にんじん…50g
- 生姜（せん切り）…小1かけ分
- **A**
  - 酢…大さじ2と1/2
  - 砂糖…大さじ1と1/2
  - 醤油…小さじ1
  - ごま油…大さじ1/2

作り方

1 切り干し大根はさっと洗って1〜2分水に浸し、ざるにあげて水気をきる。にんじんは細切りにする。

2 ボウルに**A**を合わせて混ぜ、**1**、生姜を入れて約15分おく。切り干し大根に味がしみたらゆで豚を加えて混ぜ、さらに約15分おく。

ゆで豚と塩もみキャベツのマスタードサラダ

キャベツの甘みと粒マスタードの風味に、
豚肉の旨みのハーモニーが生きる主役サラダです。

材料（2〜3人分）

ゆで豚（→P.56）…全量
キャベツ…250g
塩…小さじ1
A 粒マスタード…大さじ1
　ワインビネガー（または酢）…大さじ1
　オリーブ油…大さじ2
こしょう…適量

作り方

1 キャベツはざく切りにし、塩をからめて約10分おく。再び全体に混ぜてしんなりしたら水洗いし、水気をギュッと絞る。

2 ボウルに**A**を合わせて混ぜ、ゆで豚、**1**を加えて混ぜる。

豚ロース肉

ポークソテー

材料（2人分）

豚ロース肉の塩糖水漬け…2枚

塩糖水…(塩)小さじ2/3 (糖)大さじ1/2 (水)100ml

こしょう…適量

オリーブ油（またはサラダ油）…小さじ1

好みのソース（↓P.62、63）…各全量

シンプルに焼いたポークソテーは、
脂肪分が少ないためコクのある
ソースが欲しくなります。
その点塩糖水なら中まで
味が入っているので、
さっぱりとした簡単ソースで
充分ご飯のおかずになります。
4種のソースとともにご紹介します。

おいしさの秘密は焼き方にも

ポークソテーはシンプルな料理法だからこそ、過不足なく火を入れないと肉のおいしさを堪能できません。まずは縁の反り返りを防ぐために筋切りをすること。そして肉をフライパンにおいたら絶対に触らないこと。フライパンの面と肉の面がぴったりくっついていると、蒸気がこもらず表面にきれいな焼き色がつくため、つい焼きすぎてしまうということがありません。

作り方

1 豚ロース肉の塩糖水漬けは水気をきってペーパータオルでよく拭く。両面の筋を切り（写真）、こしょうをふる。

2 フライパンにオリーブ油を入れて強めの中火にかけ、充分熱くなったら**1**の表を下にして入れ、2〜2分半焼く。裏返して2〜2分半焼き、器に盛って好みのソースをかける。

脂と赤身の境目を断ち切るように、両面に1cm間隔で切り目を入れます。

フレッシュトマトソース

フレッシュトマトの
酸味が心地よい、
肉のおいしさが
際立つソースです。

材料（2人分）
トマト（ざく切り）…大1個分（200g）
にんにく（みじん切り）…小1片分
塩、こしょう…各適量
オリーブ油…大さじ1

作り方

ポークソテーを作ったフライパンをペーパータオルでさっと拭き、にんにくとオリーブ油を入れて中火にかける。香りが立ったらトマトを加えて軽く煮くずれるまで約5分加熱し、塩、こしょうで味をととのえる。

アボカドソース

ボリューム感と
さわやかな後味が
魅力です。
フレッシュトマトソースと
ともに添えても美味。

材料（2人分）
アボカド…1個
レモン汁…大さじ1
玉ねぎ（ごく薄切り）…50g
塩、こしょう…各適量

作り方

玉ねぎは軽く塩もみして水にさらしてギュッと絞る。アボカドは縦半分に切って種を取り、スプーンですくってボウルに取り出してなめらかにつぶす。すべての材料を混ぜる。

オイスター風味のソース

控えめな
オイスターソース使いで
豚肉本来のおいしさが
堪能できます。

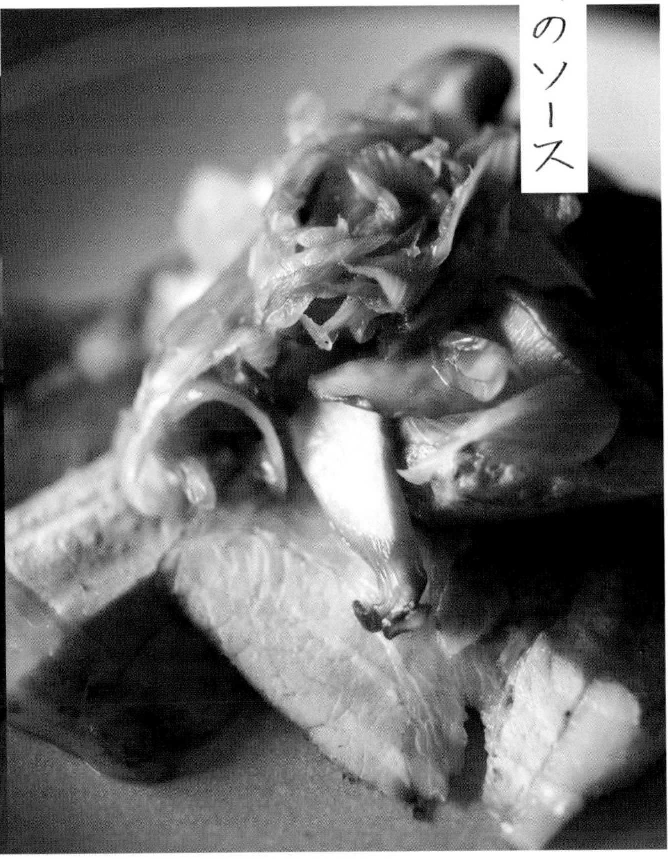

材料（2人分）

長ねぎ（斜め薄切り）…1本分
エリンギ（斜め切り）…2本分（100g）
水…大さじ2
オイスターソース…大さじ$\frac{1}{2}$
ごま油…小さじ1

作り方

ポークソテーを作ったフライパンをペーパータオルでさっと拭き、ごま油を入れて中火にかける。長ねぎ、エリンギを入れてしんなりするまで炒め、水、オイスターソースを加えて全体を混ぜる。

和風おろしソース

さっぱりの代表、
おろしソースは手軽で
季節や世代を問わず
楽しめます。

材料（2人分）

おろし大根（軽く汁気をきったもの）…約150mℓ
ポン酢醤油…適量
万能ねぎ（小口切り）…適量

作り方

焼き上がった肉におろし大根をのせ、ポン酢醤油をかけて万能ねぎを散らす。

ピザ風ポークソテー

ポークソテーなのにピザの味。
フライパンに重ねて焼くだけのアレンジバージョンです。
ケチャップ＋乾燥ハーブで市販のピザソースより本格的。

材料（2人分）

豚ロース肉の塩糖水漬け…2枚
塩糖水…塩小さじ2/3　糖大さじ1 1/2　水100㎖
こしょう…少量
玉ねぎ…1/4個
ピーマン…1個
オリーブ油…小さじ2
ケチャップ…小さじ2
バジル、オレガノ（乾燥）*…各少量
ピザ用チーズ…50g
*どちらかひとつでも可。

作り方

1 豚ロース肉の塩糖水漬けは水気をきり、ペーパータオルでよく拭く。筋切りをし（→P.60）、こしょうをふる。玉ねぎは薄切りに、ピーマンは輪切りにする。

2 フライパンにオリーブ油の半量を入れて中火にかけ、**1**の玉ねぎ、ピーマンをさっと炒めて取り出す。

3 **2**のフライパンをペーパータオルでさっと拭き、残りのオリーブ油を入れて強めの中火にかけ、熱くなったら**1**の豚肉を2分半焼いて裏返し、1分焼いて火を止める。

4 肉の表面にケチャップを塗り、バジルとオレガノをふって**2**の玉ねぎ、ピーマンをそれぞれのせる。ピザ用チーズを散らして蓋をし、弱めの中火にかけてチーズが溶けるまで約2分焼く。

豚肉とじゃがいもの重ねグラタン

じゃがいもの粘りでわずかにとろみがついています。もともとは「ドフィノワ」というじゃがいものグラタン。豚肉を入れてメイン料理に。

材料（2人分）

豚ロース肉の塩糖水漬け…2枚
塩糖水…(塩)小さじ2/3 (糖)大さじ1/2 (水)100ml

こしょう…適量

じゃがいも…3個（400〜450g）

A
- 玉ねぎ（薄切り）…1/2個分
- にんにく（芯を取って薄切り）…小1片分
- 塩…小さじ1/2
- こしょう…少量
- 牛乳…300ml

バター…10g

ビストロなどでは付け合わせにすることも多いドフィノワ。豚肉と分けて1人分を皿盛りにしても。

作り方

1 豚ロース肉の塩糖水漬けは水気をきってペーパータオルでよく拭く。こしょうをふって1枚を4等分する。

2 じゃがいもは約2mmの薄切りにする（スライサーでも可）。フライパンにじゃがいも、**A**を入れて全体に混ぜる。中火にかけてひと煮立ちさせる。

3 オーブンを200℃に予熱する。耐熱容器に**2**を半量敷き、**1**の豚肉を均一に並べて残りの**2**を広げる。バターを小さく切って散らし、オーブンで約20分焼く。

豚肉のきのこカレークリームソース

カレー風味と生クリームのコクがあっさり豚肉を食べごたえのある一品に。カレー粉は炒めた野菜にまぶすように加え、しっかり炒めると香りがよみがえります。

材料（2人分）

- 豚ロース肉の塩糖水漬け…2枚
  塩糖水…塩 小さじ2/3　糖 大さじ1/2　水 100㎖
- 玉ねぎ…1/3個
- しめじ…小1パック
- マッシュルーム…1パック
- カレー粉…小さじ1/2
- 白ワイン（または水）…50㎖
- 生クリーム…100㎖
- 塩、こしょう…各適量
- サラダ油…小さじ2
- ご飯…適量
- パセリ（みじん切り）…適量

作り方

1 玉ねぎはみじん切りに、しめじは石づきを切り落としてほぐし、マッシュルームも石づきを切り落として半分に切る。豚ロース肉の塩糖水漬けは水気をきってペーパータオルでよく拭く。こしょうをして2cm幅に切る。

2 フライパンにサラダ油半量を入れて強めの中火にかけ、熱くなったら**1**の豚肉を片面1分半ずつ焼いて取り出す。

3 **2**のフライパンをペーパータオルできれいに拭き、弱火にかけて残りのサラダ油を温める。残りの**1**を入れてしんなりするまで焦がさないように約2分炒め、カレー粉を全体にふって炒め混ぜる。

4 白ワインを加えて強火にし、煮汁が半量になったら生クリームを加えて混ぜ、塩、こしょうで味をととのえる。**2**を戻し入れて軽く温める。ご飯とともに器に盛って、ご飯にパセリを散らす。

＊豚肉を戻し入れたらさっと温める程度にしてふっくら仕上げましょう。

材料（2人分）

豚ロース肉の塩糖水漬け…2枚

塩糖水…塩 小さじ2/3　糖 大さじ1/2　水 100mℓ

こしょう…少量

片栗粉…大さじ1と1/2

玉ねぎ…1/2個

A 黒酢…大さじ3
砂糖…大さじ2
水…大さじ2
醤油…小さじ2
生姜（みじん切り）…大さじ1

サラダ油…適量

黒酢酢豚

しっとり仕上がる
塩糖水漬けの豚ロース肉なら、
香りとコクを楽しむ
大人っぽい黒酢の酢豚向き。
黒酢の豊かな風味を生かすため、
生姜は先に炒めず後入れして
さわやかさを楽しみます。

a

少ない油での揚げ焼きでも、表面がカリッとさえすればOK。

b

しっかり油をきると、ベタつかず衣もはがれずきれいにとろみがつきます。

作り方

1 豚ロース肉の塩糖水漬けは水気をきってペーパータオルでよく拭く。一口大に切ってこしょうをふる。玉ねぎは2〜3cm角に切る。**A**を合わせて混ぜる。

2 **1**の豚肉に片栗粉をふって全体にからめる。フライパンに深さ5mmのサラダ油を入れて中火にかけ、温まったら豚肉をこんがり揚げ焼きする（写真**a**）。ペーパータオルにのせて油をきる（写真**b**）。

3 **2**のフライパンの油をざっと拭き取り、中火にかけて**1**の玉ねぎを炒める。全体に油がからんだら**2**を戻し入れ、**A**を加えてとろみがつくまで全体に炒め合わせる。

塩糖水漬けの豚ももかたまり肉で作る

絶品手作りハム

焼きハム

ゆでハム

脂肪分の少ない豚ももかたまり肉も、塩糖水漬けにするとしっとりやわらかなハムが作れます。中まで塩味が入り、シンプルだからこそ豚肉のおいしさが楽しめます。焼きハム、ゆでハムどちらも同じように下準備し、続く作り方も簡単。ぜひそれぞれのおいしさを味わってください。サンドイッチや麺料理にも重宝します。

塩糖水漬けの豚ももかたまり肉で作る

絶品手作りハム

日もちは4日程度。
それ以上になる場合は、
切って炒めるなど
再加熱してください。

材料（作りやすい量）

豚ももかたまり肉*…400g

塩糖水

- 塩…6g
- 砂糖…10g
- 水…200mℓ
- ローリエ…1枚

*断面の直径6cm、長さ15cmが目安。肉の厚みによって加熱時間を調整してください。

準備（焼きハム、ゆでハム共通）

1 豚ももかたまり肉はフォークで約30か所に穴を開ける。ポリ袋に塩糖水の材料を入れて口を閉じ、よくふって調味料を溶かす。豚肉を入れて口を閉じ、冷蔵庫で2〜3日漬ける。

2 **1**を加熱30分前までに冷蔵庫から出す。ペーパータオルでよく拭き、できればたこ糸で全体を縛る。

*あらかじめネットで覆ってあるかたまり肉を使用すると簡単。

焼きハム

切り立てはほんのりピンク。
表面は締まりながらも中はふっくらとした食感に感動です。

作り方

1 オーブンを110℃に予熱する。天板にオーブンペーパーを敷き、準備した豚肉をおいてサラダ油小さじ1（分量外）を薄くなじませる。

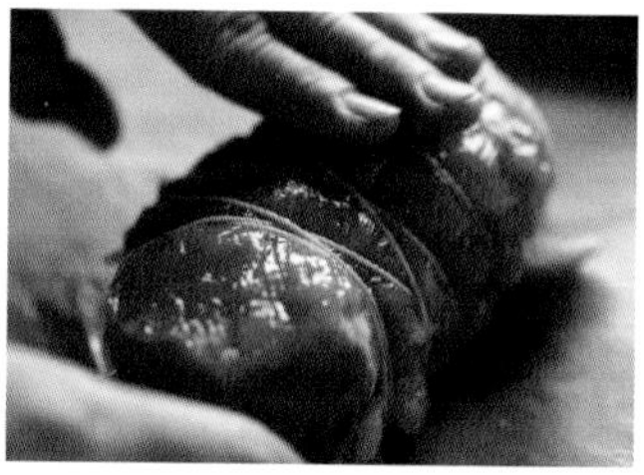

2 オーブンで1時間〜1時間15分焼く。金串を肉の中心に刺し、5秒ほどおいて引き抜き、金串の先端が熱くなっていればOK。取り出してアルミ箔に包んで約50分おく。

ゆっくり加熱と余熱でしっとり

かたまり肉をやわらかく仕上げるには、ゆっくり火を入れるのが鉄則です。肉の中心部まで加熱するには、どうしても表面に火が入りすぎてパサつきがち。そこで、低温でゆっくり温めて表面の温度を上げすぎないようにします。中心部まで完全に火が入る前に加熱を止め、余熱でゆっくり火を入れます。温度計をお持ちのかたは、肉の中心部が65℃になったらオーブンから取り出す、または火を止めてください。

ゆでハム

包丁を入れた瞬間にそのやわらかさに驚かされます。
醤油漬けにしてチャーシュー風にも。

作り方

1 鍋に準備した豚肉を入れ、しっかりかぶる程度の水を入れて弱火にかけ、沸いたらごく弱火にして約25分ゆでる。

＊ごく弱火とはポコポコ沸かない程度。

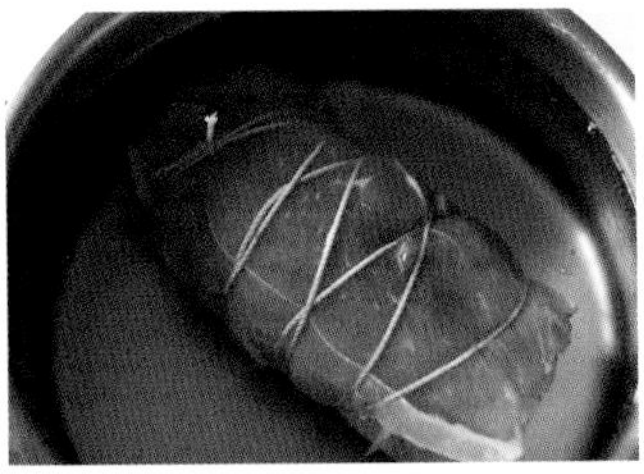

2 火を止めて粗熱が取れるまでそのままおく。蓋はしない。

＊ゆで汁は沸かしてアクを取り除き、味をととのえるとスープとして楽しめます。

ゆでハムの醤油漬け

ゆでハムを
醤油ベースの
漬け汁につけると、
チャーシューのような
味わいに。
ラーメンや
チャーハンなどにも
便利です。

材料（作りやすい量）

ゆでハム…全量

［漬け汁］

- 醤油…大さじ2
- みりん…大さじ2

作り方

1 小鍋に漬け汁の材料を入れ、ひと煮立ちさせて冷ます。

2 ポリ袋にゆでハム、**1**を入れ、全体にからむように空気を抜いて縛り、ひと晩おく。

薄く切って白髪ねぎとともに盛っておつまみにも。

豚ひれ肉も
塩糖水でしっとり仕上げ

ひれカツでおなじみのヘルシーで赤身特有のおいしさが味わえる豚ひれ肉。料理方法や加熱時間によってはパサついてせっかくのおいしさが味わえないことも。塩糖水に漬けると安心して調理できます。本書の肉料理のうち、豚ひれ肉でもおいしく作れるものをご紹介します。

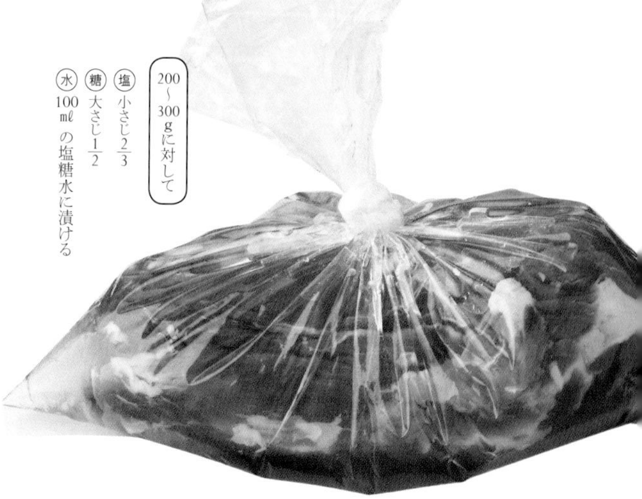

200〜300gに対して
塩 小さじ2/3
糖 大さじ1/2
水 100mℓ の塩糖水に漬ける

［豚ひれ肉］
たんぱく質 22.2g
エネルギー 130kcal
糖質 0.3g
脂質 3.7g
＊表示の値は、生100gあたりに含まれる成分。

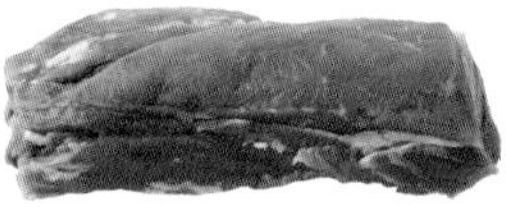

鶏ささ身とピーマンの青椒肉絲風（↓P.44）
繊維に沿って細切りにしたものを使用。

鶏肉のバスク風煮込み（↓P.27）
1.5cm厚さに切って使用。

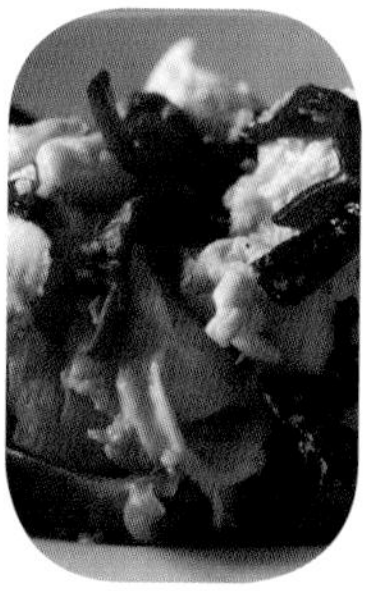

鶏ささ身ときくらげの玉子炒め（↓P.45）
1cm厚さのそぎ切りにして使用。

鶏肉と青梗菜の中華炒め（↓P.36）
1cm厚さのそぎ切りにして使用。

豚肉とスナップエンドウ、アスパラガスのバター蒸し（↓P.52）
1cm厚さのそぎ切りにして使用。

チキンピカタ（↓P.18）
1.5cm厚さに切って使用。

鶏肉と彩り野菜のアヒージョ（↓P.22）
2cm角に切って使用。

鶏肉とレタスのさっと炒め レモン風味（↓P.37）
1cm厚さのそぎ切りにして使用。

豚肉のきのこカレークリームソース（↓P.66）
2cm厚さに切って使用。

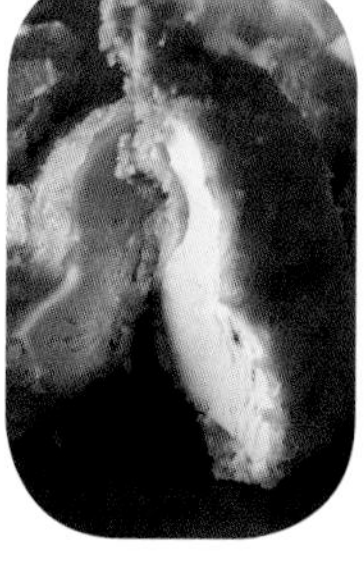

チキンカツ（↓P.20）
2cm厚さに切って使用。

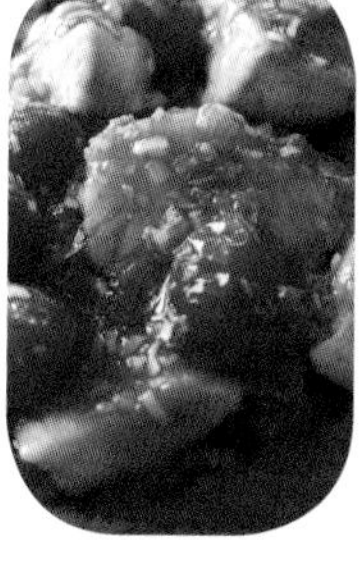

鶏肉とトマトのチリソース炒め（↓P.24）
1.5cm厚さのそぎ切りにして使用。

鶏天（↓P.42）
1.5cm厚さのそぎ切りにして使用。

黒酢酢豚（↓P.68）
2cm角に切って使用。

2章

鮮度を保って しっとり仕上がる

魚料理

まとめ買いができなくて購入のタイミングが難しい魚も、塩糖水漬けなら新鮮なまま2〜3日は大丈夫。臭みも取れてふっくらおいしい魚料理は一度食べたら塩糖水に漬けずにはいられないほどです。

塩糖水漬けにすると おいしい魚

肉と同様、塩糖水漬けには脂肪分が少なくパサつきがちな魚が向きます。水分を含んで仕上がるので、冷めてもふっくら。塩分量を一定にできるので、いつでも同じ味わいに仕上がるのもうれしいポイントです。

＊表示の値は、すべて生100gあたりに含まれる成分。
＊魚の切り身は一切れ約100g（骨付きは約120g）を基準にしています。

鯛

流通している鯛だけでも約20種ありますが、年間を通じて店頭でよく目にするのが真鯛。近海の天然ものは冬から春にかけてが旬。天然ものも養殖も店頭に並びます。高たんぱくで脂肪が少なく上品な味わいが魅力。

［真鯛（天然）］
たんぱく質 20.6g
エネルギー 142kcal
糖質 0.1g
脂質 5.8g

［真鯛（養殖）］
たんぱく質 20.9g
エネルギー 177kcal
糖質 0.1g
脂質 9.4g

たら

鍋物でおなじみの身がやわらかくて淡泊な味わいの白身魚。水分が多く傷みやすい魚ですが、塩糖水漬けなら買い置きも可能です。生だらと甘塩だらがあり、塩糖水漬けには生を。身がくずれやすいので扱いに注意しましょう。

［まだら］
たんぱく質 17.6g
エネルギー 77kcal
糖質 0.1g
脂質 0.2g

さわら

適度な脂があり、身がやわらかくクセのない魚です。地方にもよりますが、約50cm以下を「さごち」、それ以上を「さわら」として年間を通して流通しています。新鮮なときは透明感のある白身ですが、すぐに白濁します。購入後すぐに塩糖水に漬けておくと安心。

たんぱく質 20.1g
エネルギー 177kcal
糖質 0.1g
脂質 9.7g

ぶり

身が締まった寒さの厳しい時期が旬の天然ぶりと、安定した脂ののりでほぼ通年流通する養殖のぶりがあります。塩焼きや照り焼きといった和風が定番ですが、臭みが取れる塩糖水漬けなら、料理の幅が広がります。

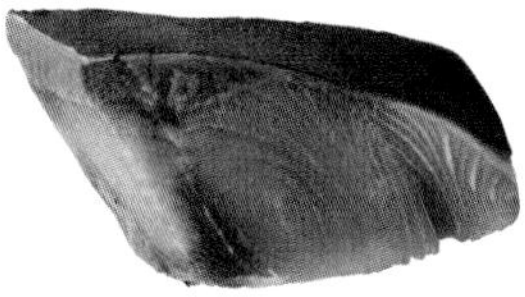

たんぱく質 21.4g
エネルギー 257kcal
糖質 0.3g
脂質 17.6g

鮭

朝食から夕食、お弁当まで幅広く登場する魚です。旬は、紅鮭は秋、銀鮭は春から夏にかけてとさまざま。年間を通して安定して流通するため、困ったときに頼りになります。塩糖水に漬けると臭みがしっかり取れて、和洋中エスニックとジャンルを選びません。

［銀鮭］
たんぱく質 19.6g
エネルギー 204kcal
糖質 0.3g
脂質 12.8g

［白鮭（秋鮭、時鮭、鮭児）］
たんぱく質 22.3g
エネルギー 133kcal
糖質 0.1g
脂質 4.1g

［紅鮭］
たんぱく質 22.5g
エネルギー 138kcal
糖質 0.1g
脂質 4.5g

かじき

かじきには主にめかじき、まかじきの2種類があり、一般的に出回っているのはめかじき。まぐろに似た食感と味わいで、肉のような感覚で洋食や中華にも向きます。加熱しすぎるとパサつきやすいので注意。ツナ缶のように火を通して便利に使えます。

［めかじき］
たんぱく質 19.2g
エネルギー 153kcal
糖質 0.1g
脂質 7.6g

材料（2人分）

鯛の塩糖水漬け…2切れ

塩糖水…㊕小さじ2/3 ㊕大さじ1/2 ㊌100mℓ

トマト…大1個

玉ねぎ…1/2個

にんにく…小1片

オリーブ（黒。あれば）…8粒

水…70mℓ

塩、こしょう…各適量

オリーブ油…大さじ2

＊すずきや金目鯛もおすすめ。

鯛のアクアパッツァ

名の通り、水（アクア）で煮る（パッツァ）イタリアの手軽な魚料理。本来なら一尾魚で頭や骨から出るだしを楽しみますが、塩糖水漬けなら切り身でも味がしみてふっくら。

作り方

1 トマトは大きめの角切りに、玉ねぎは横8mm厚さに、にんにくは横5mm厚さに切る。鯛の塩糖水漬けは水気をきってペーパータオルでよく拭き、こしょう少量をふる。

2 フライパンにオリーブ油半量と**1**のにんにくを入れて強めの中火にかける。熱くなったら鯛の皮目を下にして入れ、こんがり焼いて返して火を止める。

3 **2**の空いたところに水、**1**のトマト、玉ねぎ、オリーブを入れ、蓋をして中火にかける。煮立ってから約3分、鯛に火が通るまで蒸し煮する。塩、こしょうで味をととのえ、残りのオリーブ油を回しかけ、ひと煮立ちさせる。

＊煮汁が水っぽい場合は、少し煮詰めてから味をととのえてください。

鯛

鯛ときのこのフライパン蒸し

さっぱりとした魚の蒸し物も、
きのこ、酒、とろろと
旨みを重ねることで
奥深い味わいが生まれます。

材料（2人分）

鯛の塩糖水漬け…2切れ
塩糖水…㊤塩 小さじ$\frac{2}{3}$ ㊤糖 大さじ$\frac{1}{2}$ ㊤水 100㎖
しいたけ…1パック
えのきたけ…小1袋
A 酒…大さじ2
　水…大さじ3
万能ねぎ（斜め切り）…適量
とろろ昆布…適量

作り方

1 しいたけは石づきを切り落として斜め切りにする。えのきたけは根元を切り落とす。鯛の塩糖水漬けは水気をきる。

2 フライパンに**1**の鯛を入れ、きのこ類を広げ入れて**A**をかける。蓋をして中火にかけ、煮立ったら4〜5分、鯛に火が通るまで蒸し煮する。

3 器に盛って万能ねぎを散らし、とろろ昆布をのせる。
＊好みで最後に醤油を少量かけても。

たら

たらの蒸し煮 くずし豆腐のせ

たらこの塩気と旨みだけで
こんなにおいしくなるなんて!
くずした豆腐とともに
たらにやさしくからみます。

材料（2人分）

たらの塩糖水漬け…2切れ

塩糖水…(塩)小さじ2/3 (糖)大さじ1/2 (水)100ml

絹ごし豆腐…小1丁（200g）

A だし汁…100ml
— 酒…大さじ2

たらこ（ほぐしたもの）…大さじ2

［水溶き片栗粉］
— 片栗粉…小さじ1
— 水…小さじ2

三つ葉（3cm長さに切る）…少量

作り方

1 たらの塩糖水漬けは水気をきって2〜3等分する。フライパンにたら、Aを入れて蓋をし、中火にかける。煮立ったら2〜3分、たらに火が通るまで蒸し煮する。

2 1のたらの蒸し汁をきって、器に盛る。蒸し汁の残ったフライパンに絹ごし豆腐を加えて木べらでくずし、たらこを加えてほぐして中火にかける。
*豆腐はソースなのでそのまま加え、くずしてからみやすくします。

3 たらこに火が通ったら水溶き片栗粉でとろみをつけ、2のたらにかけて三つ葉をのせる。

たらのレモンクリーム煮

あっさりとした白身のたらを、
コクや旨みたっぷりの
レモンクリームソースで洋風な一皿に。
全体に蒸気が回って
ムラなくふっくら仕上がります。

材料（2人分）

- たらの塩糖水漬け…2切れ
  - 塩糖水…塩 小さじ2/3 糖 大さじ1/2 水 100mℓ
- 長ねぎ…1本
- マッシュルーム…1パック
- バター…10g
- 白ワイン…70mℓ
- 水…60mℓ
- 生クリーム…100mℓ
- レモン汁…大さじ1
- こしょう…少量

作り方

1 たらの塩糖水漬けは水気をきってペーパータオルでよく拭く。長ねぎは縦半分に切って約3cm長さに切る。マッシュルームは石づきを切り落として約5mm厚さに切る。

2 フライパンにバターを入れて中火にかけ、溶けて泡立ってきたら**1**の長ねぎ、マッシュルームを入れて焦がさないように約2分炒める。白ワインを加えて強めの中火にし、半量になるまで煮詰める。

3 たらの皮目を下にしてのせ、水を加えて蓋をする（写真**a**）。沸いたら中火にし、5分蒸し煮して、たらをそっと取り出して器に盛る。

*たらは加熱するとくずれやすいので、野菜の上にのせたら動かさないで！

4 煮汁を煮詰め（写真**b**）、生クリームを加えてひと煮立ちさせ、とろりとしたらレモン汁、こしょうを加えて**3**にかける。

a バターで炒めた野菜にたらをのせ、風味をつけながら火を通します。

b 煮汁をしっかり煮詰めて旨みを凝縮させると水っぽくなりません。

さわら

さわらのエスカベッシュ

野菜を炒めてマリネ液ごと
温める時短エスカベッシュです。
ひと晩おいてしっかり
漬かってもふっくらおいしい。

材料（2人分）

さわらの塩糖水漬け…2切れ
塩糖水…塩小さじ2/3 糖大さじ1/2 水100ml
こしょう…少量
セロリ…1/2本
玉ねぎ…1/2個
A 酢…大さじ2
　砂糖…大さじ1
　水…大さじ2
小麦粉…適量
サラダ油…大さじ3
オリーブ油…大さじ1/2

作り方

1 セロリは繊維を断つように薄切りにする。玉ねぎも薄切りにする。さわらの塩糖水漬けは水気をきってペーパータオルでよく拭く。1切れを3つにそぎ切りにし、こしょうをふる。**A**を合わせて混ぜる。

2 **1**のさわらに小麦粉を薄くはたく。フライパンにサラダ油を入れて中火にかけ、熱くなったらさわらを皮目から揚げ焼きする。両面にこんがり焼き色がついて火が通ったら、油をきってバットに並べる。

3 **2**のフライパンをペーパータオルできれいに拭き、オリーブ油を入れて中火にかける。熱くなったら**1**のセロリ、玉ねぎを約30秒炒め、**A**を加えてひと煮立ちさせ、あつあつを**2**のさわらにかけて冷ます。

*漬かり具合はお好みで。冷めてもふっくら仕上がります。

さわらのカレームニエル

食欲をそそるカレーとバターの香り。
カレー粉、小麦粉の順につけると、
焼いてもカレー粉が落ちず、
焦げの心配もありません。

材料（2人分）

さわらの塩糖水漬け…2切れ
塩糖水…塩小さじ2/3　糖大さじ1/2　水100㎖
カレー粉…小さじ1/2
小麦粉…適量
A バター…5g
　オリーブ油…大さじ1/2
ベビーリーフ…適量
レモン（くし形切り）…適量

作り方

1 さわらの塩糖水漬けは水気をきってペーパータオルでよく拭く。全体にカレー粉をふって軽く押さえてなじませる。

2 1に小麦粉を薄くはたく。フライパンにAを入れて中火にかけ、バターが溶けて泡立ってきたら、さわらを入れて弱めの中火にする。約2分半焼いて裏返し、2分半〜3分焼く。

3 両端も軽く焼いて器に盛り、ベビーリーフとレモンを添える。

焼き鮭のパスタ

鮭とエリンギを焼いて、
すべてを和えるだけで
ごちそうパスタが完成！
醤油を加えず柚子こしょうで
和風に仕上げるのも新鮮です。

材料（2人分）

- 鮭の塩糖水漬け…2切れ
  - 塩糖水…㊖小さじ2/3 ㊙大さじ1/2 ㊍100㎖
- パスタ（スパゲッティーニ）…200g
- 水菜…1/2袋
- エリンギ…1パック
- 塩…大さじ1
- A 柚子こしょう…小さじ1/2〜1
  - オリーブ油…大さじ2

作り方

1 水菜は3〜4㎝長さに切って水に浸してパリッとさせ、水気をよくきる。エリンギは大きければ長さを半分に切る。鮭の塩糖水漬けは水気をきってペーパータオルでよく拭く。

2 グリルを温め、**1**のエリンギと鮭を焼く。鮭は皮と骨を取って軽くほぐす（写真）。エリンギは細くさく。2ℓの湯を沸かして塩を入れ、パスタを袋の表示通りにゆでる。

＊鮭はころころと存在感が残る程度にほぐします。

3 大きいボウルに**A**、ゆで汁大さじ2を入れてよく混ぜ、**2**のエリンギを加えて混ぜる。ゆであがったパスタの水気をよくきって加えて全体に混ぜ、鮭、**1**の水菜を加えて軽く混ぜる。

塩糖水漬けの鮭はくずれやすいのであまり触らないように。

材料（2人分）

鮭の塩糖水漬け…2切れ

塩糖水…塩小さじ2/3 糖大さじ1/2 水100㎖

玉ねぎ…1/2個

しめじ…小1パック

白ワイン…70㎖

トマトの水煮缶（ダイスカット）…1/2缶（200g）

生クリーム…50㎖

塩、こしょう…各適量

オリーブ油…大さじ1/2

鮭のトマトクリーム煮

生クリームのまろやかなコクを
トマトの酸味が引き締め、
鮭のおいしさを引き出します。
淡泊な、さわやたらなら
よりさっぱりとした後味に。

作り方

1 玉ねぎは薄切りに、しめじは石づきを切り落として小房に分ける。鮭の塩糖水漬けは水気をきってペーパータオルでよく拭き、1切れを2〜3等分にする。

2 フライパンにオリーブ油を入れて中火にかけ、熱くなったら**1**の玉ねぎ、しめじをしんなりするまで約2分炒める。鮭を上にのせて白ワインを加えて煮立て、トマトの水煮缶を加えて蓋をし、約5分煮て鮭を取り出す。

3 生クリームを加えて混ぜ、**2**の鮭を戻し入れ、ひと煮立ちさせてそっと混ぜる（写真）。塩、こしょうで味をととのえる。

＊好みでチリペッパーを加えるとキリッとした仕上がりになります。

火を通した鮭を最後に戻し入れ、そっと混ぜてくずれないようにします。

ぶり

ぶりと野菜の中華炒め

ふっくら香ばしく焼いたぶりに、
香味野菜がからんで
どんどんご飯がすすみます。

材料（2人分）

- ぶりの塩糖水漬け…2切れ
  - 塩糖水…（塩）小さじ2/3（糖）大さじ1/2（水）100㎖
- 片栗粉…約小さじ1
- れんこん…150g
- 長ねぎ（みじん切り）…1/2本分
- A
  - ごま油…大さじ1
  - 生姜（みじん切り）…小さじ1
  - にんにく（みじん切り）…小さじ1
  - 豆板醤…小さじ1/2
- 酒…大さじ1
- B
  - 酢…大さじ1
  - 砂糖…小さじ2
  - 味噌…小さじ1〜1と1/2
  - 水…大さじ3
- 粉山椒…適量（多めがおいしい）
- サラダ油…小さじ1

作り方

1 れんこんは1cm厚さの半月切り、またはいちょう切りにする。ぶりの塩糖水漬けは水気をきってペーパータオルでよく拭き、1切れを4等分にする。

2 1のぶりに片栗粉を薄くはたく。フライパンにサラダ油を入れて中火にかけ、熱くなったらぶりを入れて両面こんがり焼き色がついたら取り出す。

3 2のフライパンをペーパータオルで拭き、Aを入れて中火にかける。香りが立ったら1のれんこんをさっと炒め、酒をふって蓋をし、約1分蒸し煮する。

4 Bを加えてひと煮立ちさせ、2のぶり、長ねぎを加えて混ぜ、ぶりに火が通ったら、粉山椒をふって混ぜる。

ぶりのおろし煮

煮つけもわずかな醤油で
あっさり仕上げに。
大根はさっと温めてのせるだけ。
ぶりのコクとさっぱりとした
大根のコントラストを楽しみます。

材料（2人分）

ぶりの塩糖水漬け…2切れ
塩糖水…㊣小さじ2/3 ㊢大さじ1/2 ㊌100ml

おろし大根（軽く水気をきる）…200ml

A
- だし汁…100ml
- 醤油…大さじ1/2
- 酒…大さじ1

万能ねぎ（小口切り）…2本分
七味唐辛子…適量

作り方

1 ぶりの塩糖水漬けは水気をきってペーパータオルでよく拭く。フライパンに**A**とぶりを入れて蓋をし、中火にかける。沸いたら3〜4分煮てぶりだけを器に盛る。

2 **1**のフライパンを再び火にかけ、おろし大根を加えて約2分煮る。ぶりにおろし大根入りの煮汁をかけ、万能ねぎを散らして七味唐辛子をふる。

材料（2人分）

かじきの塩糖水漬け…2切れ

塩糖水…塩小さじ2/3 糖大さじ1/2 水100mℓ

こしょう…適量

A にんにく（みじん切り）…小1片分
　玉ねぎ（みじん切り）…1/2個分

トマトの水煮缶（ダイスカット）…1缶（400g）

オリーブ油…大さじ2

かじきのトマト煮

たっぷりのトマト缶で
さっと煮るシンプルなトマト煮。
かじきは脂肪分も臭みも少なく、
冷めてもおいしい魚。
塩糖水漬けにしておけば、
あっという間に仕上がります。
粗くくずして
パスタやオムレツにしても美味。

作り方

1 かじきの塩糖水漬けは水気をきってペーパータオルでよく拭き、半分に切ってこしょうをふる。

2 フライパンにオリーブ油半量を入れて強めの中火にかける。熱くなったら**1**を入れ、両面をさっと焼いて取り出す。

3 **2**のフライパンに残りのオリーブ油、**A**を入れてしんなりするまで約3分炒める。トマトの水煮缶を入れてひと煮立ちさせ、弱火にして約5分煮る。かじきを戻し入れて（写真）約2分煮る。

*残ったらくずしてフランスパンにのせ、朝食やおつまみにもおすすめ。

かじきはいったん焼くとより臭みが取れ、香ばしく仕上がります。

自家製ツナ

少量のオリーブ油でしっとり仕上げるツナは、スペインバルのおつまみのように主役級の出来。レモンやローリエで風味づけしているので、そのままでも、サラダや和え物、パスタにしても楽しめます。細かくほぐさず大ぶりに用いるとごちそう感アップ。もちろんまぐろの赤身でもおいしく作れます。

材料（作りやすい量）

かじきの塩糖水漬け…2切れ（200g）
塩糖水…㊗塩小さじ2/3 ㊗糖大さじ1/2 ㊗水100㎖

A
- オリーブ油…大さじ2
- レモン（国産。輪切り）…2枚
- ローリエ…1枚

作り方

1 かじきの塩糖水漬けは水気をきる。小鍋に**A**、かじきを入れてかぶる程度の水を加え、弱火にかける。

2 沸いたら1〜2分加熱し、火を止めてそのまま冷ます。

＊厚みによって加熱時間を調整します。1cm 1分、2cm 2分が目安。

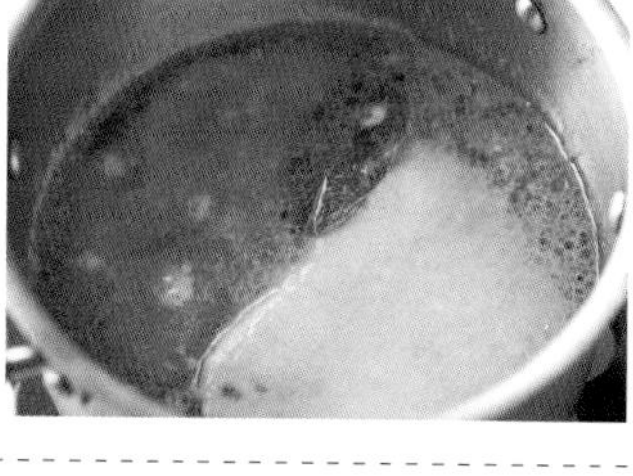

ゆで汁ごと保存容器に入れ、冷蔵で5日間もつ。

ツナのパスタサラダ

しっとりツナがざくざく入ったサラダは、
ワインのおともにも。

材料（2人分）

自家製ツナ（↓P.94）…1切れ
ショートパスタ（フジッリ）…100g
オリーブ油…小さじ1
玉ねぎ…1/4個
プチトマト…8個
アボカド…1個

A
マヨネーズ…大さじ2〜2と1/2
プレーンヨーグルト…大さじ2〜2と1/2
塩、こしょう…各適量

粗びき黒こしょう…適量

作り方

1 ショートパスタは袋の表示通りにゆでてざるにあげ、オリーブ油をからめる。

2 玉ねぎはごく薄く切って塩適量（分量外）をふって水気が出るまでもみ、約5分水に浸す。再びよくもんで水気をギュッと絞る。プチトマトは半分に切る。自家製ツナとアボカドは食べやすく切る。

3 ボウルに**A**を合わせて混ぜ、**1**、**2**を加えて和え、器に盛って粗びき黒こしょうをふる。

ごちそうナムル

ツナに香ばしいごまが
たっぷりからんだ飽きない味です。

材料（2人分）

自家製ツナ（↓P.94）…1切れ
豆もやし…1袋
ピーマン…2個
にんじん…60g

A
白すりごま…大さじ4
にんにく（すりおろし）…少量
塩…小さじ1/2
ごま油…大さじ1と1/2

作り方

1 ピーマン、にんじんは細切りにし、豆もやしとともに耐熱容器に入れ、ふんわりラップをかけて電子レンジで約5分加熱する。ざるにあげて水気をきり、冷ます。

2 ボウルに**A**を合わせて混ぜ、**1**を加えて手で混ぜ、自家製ツナを粗くほぐしながら加えて混ぜる。

肉や魚だけじゃない！

手軽でおいしい塩糖水漬け

野菜や豆腐、チーズなども
塩糖水に漬けると、
新しい味に出合えます。
味が入った食材のおいしさを
ぜひ体験してください。
作り方は簡単、
塩糖水に漬けて
半日ほどおくだけです。

野菜の塩糖水漬け

ゆでた野菜

食べやすく切ってさっとゆでて水気をきり、塩糖水漬けにします。

玉ねぎ

＊昆布とともに漬けています。

ブロッコリー

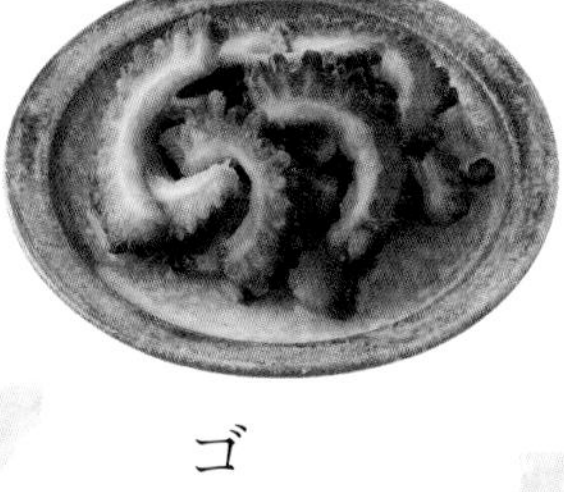

ゴーヤー

れんこん

おいしく作るポイント

◎ 水分の多い野菜は塩5gがおすすめ。✦がついています。

◎ 昆布やかつお削り節、柚子など旨みのもとや香りのもとを一緒に漬けてもおいしい。

◎ 漬けて半日から、2日以内に食べきるのが目安。

生の野菜

食べやすい大きさに切って塩糖水漬けにします。

にんじん

キャベツ✦

＊かつお削り節とともに漬けています。

セロリ

＊昆布とともに漬けています。

野菜の浅漬けと同じ考え方ですが、塩味が穏やかなので、ほかの食材と合わせて和え物やサラダに、付け合わせなどに使えます。野菜によっては、炒め物や煮物など料理に使っても。ゆで野菜も生野菜も基本は肉や魚と同じ塩糖水ですが、白菜やきゅうり、キャベツなど水分の多い野菜は塩を5gにすると味が安定します。昆布やかつお、柚子、粉山椒など旨みのもとや香りのもとを一緒に漬けると味の変化が楽しめます。

きゅうり✦

＊昆布とともに漬けています。

かぶ

＊昆布とともに漬けています。

小松菜

なす

＊かつお削り節とともに漬けています。

長いも

＊昆布とともに漬けています。

卵 豆腐 チーズ 豆類の塩糖水漬け

献立のお助け食材も塩糖水漬けに。素材の味を引き立てるちょうどよい塩加減になります。

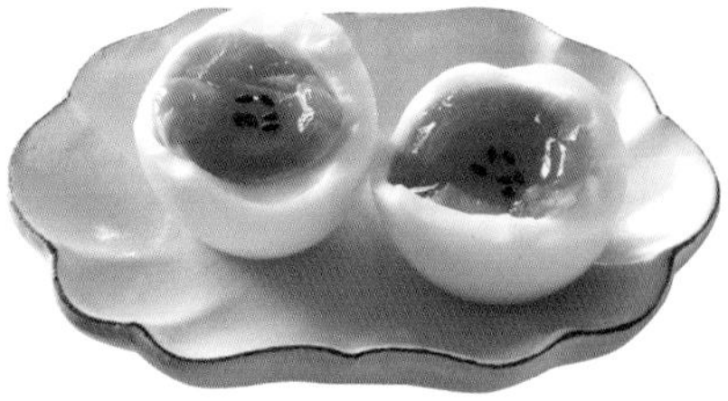

ゆで玉子

定番の醤油漬け、ソース漬けに続く塩糖水漬け。お弁当にもおすすめ。卵を熱湯で8分ゆでてむいたものを漬けます。

豆類

ドライパックの大豆やひよこ豆を漬けるだけで、ひたし豆が出来上がり。このまま五目豆やサラダ、カレーなどにも。

*写真の大豆は昆布とともに漬けています。

豆腐

絹ごし、木綿のどちらでもＯＫ。中まで味が入っているので、オリーブ油と粗びき黒こしょうをかけただけでも美味。

モッツァレラチーズ

塩をふるよりも均一に味がまわります。水気を拭いて手でちぎり、トマトと合わせてオリーブ油をかけてサラダに。

3章

バリエーションが広がる

変わり塩糖水

塩糖水の塩の代わりに醤油やナンプラーを、
また塩糖水にレモンやハーブをプラスして
味に変化をつけました。
シンプル和食から人気のアジアごはん、
定番洋食など飽きずに楽しめます。

塩を醤油に替えて 醤油糖水

醤油味をほんのり含ませて、
和風のおかずを作ります。

材料（2人分）

鶏むね肉の醤油糖水漬け…1枚

醤油糖水

醤 大さじ1と$\frac{1}{2}$

糖 大さじ$\frac{1}{2}$

水 100mℓ

生姜（すりおろし）…小さじ1

片栗粉…適量

揚げ油…適量

*さわらやたら、かじきなども同様に作れます。

鶏肉の竜田揚げ

醤油糖水漬けした鶏肉に
おろし生姜をプラスするだけで
味つけ完了！
冷めてもおいしいので
お弁当にもどうぞ。

作り方

1 鶏むね肉の醤油糖水漬けは水気をきってペーパータオルでよく拭き、1.5cm厚さのそぎ切りにする。

2 **1**に生姜をからめて片栗粉をまぶし、しばらくおいて表面が少ししっとりしたら再び片栗粉をつけて手で押さえる（写真）。

3 揚げ油を170℃に熱して**2**を2～3分揚げ、からりとしたら油をきる。

片栗粉を二度づけして揚げると表面がカリッと仕上がります。

豚肉とれんこんの皿蒸し

すべての材料を混ぜて
電子レンジでチンするだけ。
シャキシャキ、もっちりとした
食感がクセになります。

材料（2人分）

豚もも切り落とし肉の醤油糖水漬け…200g

醤油糖水…(醤)大さじ1と1/2 (糖)大さじ1/2 (水)100mℓ

れんこん…200g

梅干し（塩分控えめのもの）…大2個

青じそ…10枚

＊梅干しと青じその代わりにねぎ味噌でも。長ねぎの小口切り1本分と味噌大さじ1、みりん大さじ1を混ぜて作ります。

作り方

1 れんこんは粗みじん切りにする。梅干しは種を取って粗く刻む。青じそは細切りにする。豚もも切り落とし肉の醤油糖水漬けはざるにあげて手でギュッと押さえて水気をきり、ざく切りにする。

2 ボウルに1を入れて均一に混ぜる。耐熱容器に直径15cmほどに広げ、ふんわりラップをかけて電子レンジで7〜8分加熱する。

さわらのあっさり煮つけ

ひと晩冷蔵庫においた魚でも煮つけでおいしく。魚本来のおいしさが際立つ、あっさり煮つけです。

材料（2人分）

さわらの醤油糖水漬け*…2切れ

醤油糖水…㊎大さじ1 ㊣大さじ$\frac{1}{2}$ ㊌100㎖

まいたけ…1パック

A
- だし汁…150㎖
- 酒…大さじ2
- みりん…大さじ2
- 醤油…大さじ$\frac{1}{2}$

*醤油を大さじ1に減らして身が締まるのを防ぎます。

作り方

1 フライパンにAを入れ、さわらの醤油糖水漬けの水気をきって入れる。まいたけは食べやすくさき、さわらの周りに入れる。

*通常の醤油糖水よりも醤油の量を減らし、その分、煮汁に足しています。

2 中火にかけて沸いたら蓋をし、4〜5分煮る。

塩をナンプラーに替えて ナンプラー糖水

ナンプラーを含ませると旨みもアップ！
アジア料理が簡単にできます。

材料（2人分）

鶏むね肉のナンプラー糖水漬け…1枚

ナンプラー糖水

ナ 大さじ1

糖 大さじ1/2

水 100mℓ

- A 酒…大さじ2
- 水…大さじ5
- フォー（乾麺）…150〜200g*
- B 水…500mℓ
- ナンプラー…大さじ1
- 赤唐辛子（種を除いて小口切り）…1/2本分
- もやし…1袋（200g）
- パクチー…適量
- レモン（くし形切り）…2切れ

*フォーの代わりにつるっとした喉ごしのうどんやそうめんでもおいしい。

鶏肉のフォー

鶏肉の蒸し汁で本格的なスープまで作れる簡単レシピ。ナンプラー風味の鶏肉とスープがやみつきになるおいしさです。

作り方

1 鶏むね肉のナンプラー糖水漬けは水気をきってペーパータオルでよく拭き、約15分室温におく。

2 フライパンに**A**、**1**を入れて蓋をし、中火にかける。煮立ったら返し、再び蓋をして弱めの中火で7分加熱し、粗熱が取れるまでそのままおく。

3 **2**の鶏肉を取り出し（写真）、残った蒸し汁に**B**を入れて火にかけ、煮立ったらもやしを入れてひと煮立ちさせる。

4 **3**の鶏肉を食べやすく切る。たっぷりの湯でフォーをゆで、器に盛って鶏肉ともやしをのせ、スープを注ぐ。パクチーをのせ、別皿にレモンとパクチーを盛る。

鶏肉の蒸し汁は旨みたっぷり。捨てずにスープ作りに生かします。

豚肉のエスニック炒め サンチュ巻き

ナンプラー風味の豚肉と香り野菜で一気にアジア気分に。豚肉に味が入っているので、たれなしでも美味。

材料（2人分）

- 豚もも切り落とし肉のナンプラー糖水漬け…200g
  - ナンプラー糖水…ナ大さじ1 糖大さじ1/2 水100ml
- 生姜（みじん切り）…小さじ1
- にんにく（みじん切り）…小さじ1/2
- サラダ油…大さじ1/2
- サンチュ…適量

［薬味］

- パクチー、万能ねぎ、青じそ、レモン（くし形切り）など…各適量

＊お好みでナンプラーやスイートチリソースなどをご用意ください。

作り方

1 豚もも切り落とし肉のナンプラー糖水漬けはざるにあげ、手でギュッと押さえて水気をきる。パクチー、万能ねぎはサンチュで巻きやすい長さに切る。

2 フライパンにサラダ油を入れて中火にかけ、熱くなったら生姜、にんにくを軽く炒め、**1**の豚肉を火が通るまで炒める。サンチュ、薬味とともに器に盛る。サンチュで肉や薬味を巻いて食べる。

＊焼き色をつけようとすると、炒めすぎて水分が出てしまいます。火が通ったところで加熱を終了してください。

豚肉のエスニックサラダ

パクチー香るさわやかなサラダ。
時間が経っても
水っぽくならないので、
タイミングを気にせず作れます。

材料（2人分）

- 豚もも切り落とし肉のナンプラー糖水漬け…200g
  （ナンプラー糖水…㋤大さじ1 ㊣大さじ1/2 ㊌100㎖）
- トマト…小2個
- パクチー…1株
- レタス…3枚
- **A**
  - ナンプラー…大さじ1
  - 砂糖…大さじ1/2
  - レモン汁…大さじ1と1/2
  - 粉唐辛子（または一味唐辛子）…適量

作り方

1 豚もも切り落とし肉のナンプラー糖水漬けはざるにあげ、手でギュッと押さえて水気をきる。

2 鍋にたっぷりの湯を沸かし、ごく弱火にして**1**の1/4量を加え、箸でほぐす。ほぼ火が通ったらすくってざるにあげる。残りも同様に火を通す。

3 トマトはくし形切りにする。パクチーは3cm長さに切る。レタスは一口大にちぎる。大きいボウルに**A**を入れて混ぜ、**2**と野菜を入れて全体に混ぜる。

レモンをプラスして レモン塩糖水

さわやかなレモン風味をつけた肉や魚は和洋中どんな料理にも使えます。

かじきのレモンバターソテー

シンプルな材料で力強い料理ができるのは塩糖水漬けだからこそ。バターで焼いてコクを出し、レモンでキリッとさせています。

材料（2人分）

かじきのレモン塩糖水漬け…200g

レモン塩糖水

塩 小さじ2/3

糖 大さじ1/2

水 100mℓ

レ （国産。輪切り）2枚

ズッキーニ…1本

バター*…10g

*さっぱり仕上げたいときはオリーブ油に替えます。

作り方

1 ズッキーニは輪切りにする。かじきのレモン塩糖水漬けは水気をきってペーパータオルでよく拭く。レモンは取り置く。

2 フライパンにバター半量を入れて中火にかけ、溶けて泡立ってきたら1のズッキーニを両面にやや焼き色がつくまで焼き、器に盛る。

3 2のフライパンに残りのバターを入れて中火にかけ、溶けて泡立ってきたら1のかじき、レモンを入れる。片面1分半～2分を目安に両面焼き、2に盛る。

蒸しささ身のナッツサラダ

ナッツの香ばしさや
セロリのさわやかさに、
噛むほどに旨みが広がる
レモン風味の鶏肉は相性抜群。

材料（2人分）

鶏ささ身のレモン塩糖水漬け…4〜6本（約250g）
レモン塩糖水…(塩)小さじ2/3 (糖)大さじ1/2 (水)100㎖ (レ)2枚

水…60㎖

セロリ…1本

ピーナッツ（粗く刻む）…45g

A マヨネーズ…大さじ3
　プレーンヨーグルト…大さじ2
　鶏ささ身の蒸し汁…適量
　こしょう…少量

黒こしょう…適量

作り方

1 鶏ささ身のレモン塩糖水漬けは水気をきって、レモン、分量の水とともにフライパンに入れる。蓋をして中火にかけ、煮立ったら1分半蒸し煮し、火を止めて蓋を取って冷ます。

＊ささ身の蒸し汁は鶏肉の旨みがたっぷり。ドレッシングの濃度調整に使用して和えやすくします。

2 セロリは筋を取り、4㎝長さの細切りにする。**1**は細くさく。

3 ボウルに**A**を合わせて混ぜ、**2**、ピーナッツを加えて和える。器に盛って黒こしょうをふる。

ハーブをプラスして ハーブ塩糖水

素材と相性のよいハーブで手軽に風味づけを。
ワインにもよく合います。

材料（2人分）

豚ロース肉のハーブ*塩糖水漬け…2枚

ハーブ塩糖水

塩 小さじ$\frac{2}{3}$

糖 大さじ$\frac{1}{2}$

水 100mℓ

ハ 適量

こしょう…少量

トマト…1個

オリーブ油…小さじ2

*ローリエ1枚、生のローズマリー1枝を使用。

ハーブポークソテー

豚肉のおいしさが引き立つ
ハーブ風味です。
付け合わせの焼きトマトは
食べながらくずしてソースに。

作り方

1 トマトは横半分に切る。豚ロース肉のハーブ塩糖水漬けは水気をきってペーパータオルでよく拭く。両面ともに筋を切って（→P.60）こしょうをふる。ハーブは取り置く。

2 フライパンにオリーブ油を入れて強めの中火にかけ、熱くなったら1の豚肉、ハーブを入れて2分半焼いて裏返し、空いたところでトマトを焼く。

*漬け込んだハーブなら焦げる心配もありません。

3 さらに2分半焼く。途中トマトは裏返して両面を焼き、器に盛ってこしょうをふる。

*好みで粒マスタードを添えても。

ぶりのハーブ焼き

塩糖水にハーブを
プラスしただけで、
ぶりの塩焼きが
ビストロ風の仕上がりに。

材料（2人分）

ぶりのハーブ*塩糖水漬け…2切れ
ハーブ塩糖水…（塩）小さじ2/3 （糖）大さじ1/2 （水）100㎖ （ハ）各種

パプリカ（黄）…2/3個

玉ねぎ…1/2個

オリーブ油…大さじ1

＊乾燥オレガノ小さじ1/3を使用。ローズマリー、タイム、バジルなどでも。葉に近いものは乾燥を使用するとよく香ります。

作り方

1 ぶりのハーブ塩糖水漬けは水気をきってペーパータオルでよく拭く。パプリカは乱切りに、玉ねぎはくし形切りにする。

2 1をすべてバットに入れ、オリーブ油をかけて全体にからめ、グリルでこんがり焼く。

上田淳子（うえだ・じゅんこ）

調理師専門学校の西洋料理研究職員を経て渡欧。ヨーロッパや日本のレストランなどで修業後、家庭でも再現しやすいシンプルフレンチや、無理しない「ふだんの食事」をベースに料理家として幅広く活躍する。プライベートではすでに成人した双子の母。子育てと仕事の両立経験を活かしたリアルなレシピが好評。近著に『おかずチャートで迷わない！即決！晩ごはん』（学習研究社刊）、『父と母へのごはん便　冷蔵・冷凍どちらもおいしい！』（文化出版局刊）、『バターは調味料。ほんの少し使うだけでおいしくなる』（グラフィック社刊）、『かんたん仕込みですぐごはん』（世界文化社刊）など多数。自他共に認めるワイン好きで造詣も深い。

イラスト・手書き文字…牧野伊三夫
撮影…西山　航（世界文化ホールディングス）
デザイン…芝　晶子（文京図案室）
スタイリング…久保田加奈子
取材・原稿・構成…井伊左千穂
調理アシスタント…松原美貴子、高橋ひさこ
校正…株式会社円水社
編集部…能勢亜希子
器協力…ＵＴＵＷＡ（03-6447-0070）

おいしくなって保存もきく！ 塩糖水漬けレシピ

発行日…2020年9月25日　初版第1刷発行
2021年5月20日　第3刷発行

著者…上田淳子
発行者…竹間勉
発行…株式会社世界文化ブックス
発行・発売…株式会社世界文化社
〒102-8195
東京都千代田区九段北4-2-29
電話…03-3262-5118（編集部）
電話…03-3262-5115（販売部）

印刷・製本…凸版印刷株式会社
DTP制作…株式会社明昌堂

ISBN 978-4-418-20311-6